Christa Spilling Nöker

Einfach gerne leben!

Christa Spilling-Nöker

Einfach gerne leben!
365 gute Tage

HERDER

FREIBURG · BASEL · WIEN

Inhalt

Einfach gerne leben!
Vorwort

Januar
Einfach Zeit nehmen 9

Februar
Einfach glücklich sein 27

März
Einfach zufrieden sein 45

April
Einfach den Tag genießen 65

Mai
Einfach aus Liebe 83

Juni
Einfach die Seele baumeln lassen 101

Juli
Einfach wohlfühlen 119

August
Einfach aus Freude 139

September
Einfach gelassen bleiben 157

Oktober
Einfach aus Freundschaft 175

November
Einfach danke! 195

Dezember
Einfach aus Zuversicht 213

Einfach gerne leben!

Einfach gerne leben, wer wollte das nicht? Aber mit dem guten Willen allein ist es oft nicht getan. Da stellt sich einem ein unerwartetes Problem in den Weg, man gerät plötzlich in eine Krise, Belastungen scheinen einen schier zu erdrücken und man weiß nicht mehr aus noch ein. Manchmal ist man froh, wenn man gerade einmal den nächsten Tag übersteht. So gewinnt man ein Lebensgefühl, als stünde man vor einem Berg, den man erst einmal überwinden muss, um endlich das Leben zu fassen zu kriegen, um endlich gerne, weil von Sorgen befreit, leben zu können. Man könnte nun seine Jahre damit verbringen, von einem Berg zum anderen zu wandern – immer in der Erwartung, dass das Leben, das eigentliche, doch noch irgendwann kommen müsse.

Wer einmal eine Bergtour gemacht hat, der weiß um die Anstrengungen, die damit verbunden sind, bis man das Gipfelkreuz erreichen konnte. Doch wenn man unterwegs innegehalten und eine Pause eingelegt hat, taten sich einem wundervolle Ausblicke auf, landschaftliche Panoramen zogen die Blicke in ihren Bann. Selbst auf beschwerlichen Pfaden gab es rechts und links des Weges eine vielfältige Vegetation zu bestaunen, dazu Schmetterlinge mit kunstvoll gemusterten Flügeln oder seltene Käfer. Und die Brotzeit auf halber Strecke mundete einem besser als ein Essen in einem fürstlichen Lokal. Der Weg selbst also war, wie es redensartlich heißt, das Ziel, er wurde, trotz aller Beschwernisse, zu einem einzigartigen, unvergesslichen Erlebnis.

Dieses Bild lässt sich unschwer auf unser Leben übertragen. Auch auf den mühsamen Pfaden unserer alltäglichen Daseinsbewältigung gibt es Lichtblicke, die uns ins Staunen versetzen. Mitten in dem Versuch, eine Unannehmlichkeit aus der Welt zu schaffen, erleben wir eine heitere, humorvolle Situation, die uns schmunzeln lässt, so dass wir unser Problem – wenigstens vorübergehend – vergessen. Zudem vermag uns ja vielleicht auch tatsächlich die Beobachtung eines Schmetterlings oder das Lauschen auf den Gesang eines Vogels für einen Moment unserer Sorgen zu entrücken. Der Genuss einer köstlichen Mahlzeit, ja die Freude an all unseren Sinnen, an Musik und Tanz, an beglückenden Begegnungen, zärtlichen Worten oder liebevollen Überraschungen kann uns dazu bewegen, aufmerksamer und achtsamer als bisher mit unserem Leben umzugehen. Vielleicht schenken wir uns infolge solcher Erfahrungen in Zukunft ganz bewusst mehr Pausen, um inmitten aller Betriebsamkeit aufatmen und uns anschließend den täglichen Anforderungen wieder ruhiger und gelassener stellen zu können.

Je mehr wir auf der Wanderung durch den Tag lernen, solche freundlichen Augenblicke voll auszukosten, umso mehr wird es uns möglich, die Zeit unseres Daseins mit einem Herzen voller Dankbarkeit und Zuversicht immer wieder zu genießen und tatsächlich einfach gerne zu leben.

Das wünsche ich Ihnen!
Christa Spilling-Nöker

JANUAR
einfach zeit nehmen

1. Januar
Fragen an das neue Jahr

Das neue Jahr liegt vor uns wie ein leeres Buch. Dreihundertundfünfundsechzig Seiten, die von Tag zu Tag gefüllt werden wollen.

Was werden wir erleben, welche Geschichten werden wir in dieses Buch hineinschreiben, in welcher Poesie werden sich unsere Träume verdichten?

Werden die Seiten grau sein, oder wird es uns gelingen, unseren inneren Bildern Gestalt zu verleihen und folglich auch nach außen hin Farbe in unseren Alltag zu bringen?

Haben wir etwas zu befürchten, was uns Angst macht oder quälen uns Sorgen, von denen wir nicht wissen, wie wir sie bewältigen sollen? Können wir Fantasien entwickeln, wie sich das ein oder andere Problem lösen ließe?

Oder steht vielleicht ein bedeutsames Fest an, auf dessen Feier wir uns schon hinfreuen können? Was wird dem neuen Jahr glänzende Seiten verleihen, was wird es krönen? ∞

2. Januar
Alles hat seine Zeit

«Alles hat seine Zeit» schreibt der bekannte Prediger Salomon im Alten Testament: «Eine Zeit zum Gebären und eine Zeit zum Sterben, eine Zeit zum Pflanzen und eine Zeit zum Ernten.» Alles hat seine Zeit. Wir brauchen Zeit, um Verlorenem nachtrauern zu dürfen, denn erst dann können wir uns dem Leben in all seiner Freude und Vielfalt wieder stellen. Wir brauchen Zeit, bis wir etwas Neues von uns in das Leben hineingeben können. Aber wir dürfen nicht erwarten, dass sich aus unseren augenblicklichen Gedanken und lebendigen Impulsen zwingend von jetzt auf gleich etwas überraschend Neues entwickelt. Manchmal brauchen wir viel Geduld, bis wir erfahren dürfen, dass sich all unsere Mühe letztendlich doch gelohnt und unser Leben mit dem Gefühl von Sinn erfüllt hat.

3. JANUAR
Zeit ist das Geschenk unseres Lebens

Woraus besteht unser Leben? Es besteht aus vielen Jahren, aus unendlich vielen Monaten und Wochen und aus einer nahezu unübersichtlichen Aneinanderreihung von Tagen, Stunden und Minuten. Das Geschenk unseres Lebens ist zugleich das Geschenk der uns zur Verfügung stehenden Lebenszeit. Da stellt sich einem ja schon dann und wann die Frage: «Wie gehen wir denn eigentlich mit diesem Geschenk um?» Achten wir es als das Kostbarste, das uns überhaupt überlassen worden ist, oder verschwenden und verschleudern wir es oftmals gedankenlos und sinnlos, ohne uns viele Gedanken darüber zu machen, in der Vorstellung, dass wir sowieso genug davon haben? Was bedeutet uns denn eigentlich ein Tag, eine Stunde, eine Minute unseres Lebens?

4. JANUAR
Erst einmal darüber schlafen

Ärger gehört nun einmal zum Leben dazu. Leider auch zu dem eigenen. Wer schnell aufgebracht ist, der verliert schon einmal die Kontrolle über sich und sagt Dinge, die ihm am nächsten Tag Leid tun. Mitunter verletzt man Menschen dadurch so sehr, dass man lange Zeit braucht, bis man mit den betreffenden Personen wieder einen für beide Seiten erträglichen Umgang findet. Besser wäre vielleicht, seine Wut und seinen Groll zunächst mit nach Hause zu nehmen und, einer alten Redensart zufolge, erst einmal darüber zu schlafen. Über Nacht gewinnt man Abstand zu dem Streit und den Unannehmlichkeiten vom Vortag.

5. JANUAR
Ganz in der Gegenwart leben

Es fällt wohl jedem Menschen schwer, völlig in der Gegenwart zu leben. Da macht man an einem sonnigen Wintertag einen wunderschönen Spaziergang, aber anstatt die verschneiten Tannen, den zugefrorenen See und die Eiszapfen unter der Dachkante zu bewundern und die kalte, frische Luft Atemzug um Atemzug zu genießen, plagt man sich geistig mit allerlei Ärger herum und streitet in Gedanken immer noch mit seinem Chef. Oder man ist seiner Zeit bereits um Wochen voraus und plant in Gedanken und heiteren Tagträumen schon die nächste Urlaubsreise. Warum ist es so schwer, wirklich den ein oder anderen zauberhaften Augenblick voll auszukosten und ganz in der Gegenwart zu leben?

6. Januar
Das Leben nicht verwünschen

Kennen Sie dieses Gefühl auch: Dass Sie sich schon am frühen Morgen aus ganzem Herzen wünschen, dass der vor Ihnen liegende Tag hoffentlich bald zu Ende gehen möge? Noch besser wäre es sogar, wenn gleich die ganze Woche vorüber wäre, damit man endlich wieder das Wochenende genießen kann. Ach, wie viel schöner könnte das Leben sein, wenn doch schon die kommenden Wochen und Monate verstrichen wären und man den ersehnten Urlaub antreten könnte. Vielleicht kann man gelegentlich innehalten und sich bewusst werden, dass man mit dieser Denkweise sein einmaliges Leben verwünscht und damit zugleich leichtfertig vergeudet. ∽

7. Januar
Den Pflichten ein Schnippchen schlagen

Wir leben in einer Leistungsgesellschaft – und die fordert ihren Tribut. Wir haben ein festes tägliches Pflichtprogramm. Das beginnt am Morgen damit, dass der Wecker klingelt und uns aus der Wohligkeit des Schlafes herausreißt, setzt sich in der Arbeitszeit fort und vollendet sich in einem oftmals auch noch recht ausgeklügelten Freizeitprogramm. Hat denn das etwas mit Leben zu tun, wenn wir nur noch nach einem festen Stundenplan agieren? Vielleicht würde es uns seelisch und auch körperlich gut tun, den ein oder anderen Termin einfach einmal auszulassen, um uns eine Atempause zu gönnen und wieder zu uns selbst zu kommen. ∽

8. JANUAR
Auch das Vergnügen hat sein Recht

Einmal erzählte eine junge Frau, dass sie mit dem Grundsatz groß geworden sei: «Erst die Arbeit, dann das Vergnügen.» Sie hatte sich dementsprechend in ihrem Leben eingerichtet: Stets stand die Pflichterfüllung an erster Stelle. Das Problem war nur, dass sich, kaum hatte sie eine Arbeit beendet, eine neue Aufgabe vor ihr ausbreitete. So konnte man wohl ihre Gewissenhaftigkeit rühmen, doch die lustvolle Freude am Vergnügen fand keinen Raum in ihrem Leben. Bis sie eines Tages lachend erzählte: «Gestern habe ich meiner Erziehung ein Schnippchen geschlagen: Ich habe den ganzen Nachmittag über ein Puzzle gelegt. Und siehe da: Die notwendigen Arbeiten habe ich am Abend dann auch noch schnell und gut erledigen können.»

9. JANUAR
Sich auch dem Dunklen in seinem Leben stellen

Jeder Mensch hat wohl in seinem Leben irgendwelche Dinge getan, die er später von ganzem Herzen bereut. Vielleicht hat er sie im Laufe der Jahre vergessen oder verdrängt, aber eines Tages kommen sie wieder ans Licht des Bewusstsein. Irgendwann einmal ist es so weit, dass wir uns unserer eigenen Lebensgeschichte, auch in ihren dunklen Seiten, stellen müssen. Solche Zeiten sind unbequem. Sie strengen an, weil sie einem möglicherweise auch noch in der Gegenwart die Schamesröte ins Gesicht treiben. Aber wenn man solche Stunden durchsteht, ist man mit sich selbst einen großen Schritt vorangekommen.

10. JANUAR
sich erlauben, krank zu sein

Gesundheit hat ihre Zeit, aber auch Krankheiten fordern dann und wann ihre Zeit. Wir sind Menschen und keine Maschinen, die rund um die Uhr funktionieren können. Aber erlauben wir es uns auch, krank zu sein? Können wir uns in aller Seelenruhe ins Bett legen, uns die Decke über die Ohren ziehen und uns ausruhen? Die Tage oder auch Wochen, in denen wir nicht leistungsfähig sind, können eine Chance für uns sein, uns auf das zu besinnen, was in unserem Leben wirklich wesentlich ist. Worauf wir in Zukunft mehr achten sollten und wie wir liebevoller mit uns selbst umgehen könnten.

11. JANUAR
wellness für die seele

Einen Tag in der Woche die Arbeit aus der Hand legen und der unermüdlichen Betriebsamkeit innerlich und äußerlich den Rücken zukehren. Einen Tag in der Woche freihalten für Geselligkeit und Gespräche, für Spaß und Spiel. Einen Tag in der Woche einen Weg miteinander gehen, um wieder aufeinander eingehen und infolgedessen besser miteinander umgehen zu können. Einen Tag in der Woche die Erschöpfung ausatmen und den schöpferischen Kräften Gelegenheit geben, wieder nachzuwachsen. Einen Tag in der Woche im wahrsten Sinne des Wortes zur Besinnung kommen und Ruhe einkehren lassen im Haus und im Herzen. Einen Tag in der Woche Wellness für die Seele betreiben oder anders gesagt: Den Sinn des Sonntags wieder neu entdecken!

12. JANUAR
Trauer braucht Zeit

Da haben wir einen Menschen verloren, der uns sehr nahe gestanden hat. Unser Herz ist wund in seiner Trauer. Am Anfang können wir gar nicht richtig begreifen, dass der geliebte Mensch von uns gegangen ist. Dann macht uns die Verzweiflung schier verrückt. Am liebsten würden wir schreien. Und immer wieder sind die Erinnerungen an gemeinsame Erlebnisse gegenwärtig. Einige sind so lebendig, dass wir geradezu das Gefühl haben, wir würden sie noch einmal erleben. Erst allmählich fangen wir an, die Wirklichkeit des Todes zu begreifen und unseren Tränen freien Lauf zu lassen. Trauer braucht Zeit. Viel Zeit. Damit wir eines Tages nicht nur äußerlich, sondern auch innerlich Abschied nehmen und – den Verstorbenen in unserem Herzen tragend – in unser altes Leben zurückkehren können.

13. JANUAR
Nicht alles auf später verschieben

Manchmal lebt man gerade so, als hätte man schon hier auf Erden das ewige Leben für sich gepachtet. Da gibt es Dinge, die man eigentlich gerne verwirklichen möchte, aber aus irgendwelchen Gründen schiebt man die damit verbundenen Aktivitäten immer wieder hinaus. Nicht alles im Leben lässt sich auf «später» verschieben. Es gibt Dinge, für die die richtige Zeit kommt und die man dann auch tun sollte. Es wäre ja ein Jammer, wenn man eines Tages am Ende seines Lebens angekommen ist und feststellen muss, dass man Wesentliches versäumt hat. Dann gibt es kein «später mehr», sondern nur noch ein «zu spät».

14. JANUAR
Was wir einander schuldig sind

«Es geht mir nicht gut», klagte die junge Frau am Telefon einer Freundin. «Im Augenblick habe ich keine Zeit, du weißt doch, wir stecken mitten im Umzug», war die Antwort. Die junge Frau versuchte es bei einem guten Bekannten. Die Reaktion: «Ich weiß genau wie's dir geht, das kenne ich von mir selbst.» Kurz darauf musste er das Gespräch beenden. Danach rief sie eine Kollegin an, der sie ein hohes Maß an Einfühlsamkeit zutraute. Aber hier bekam sie nur zu hören, dass es ihr doch aufgrund ihrer äußeren Lebenssituation wirklich gut ginge. Vier Wochen später nahm sie sich das Leben. All ihre Freundinnen, Bekannten und Kollegen waren erschüttert. Natürlich nahmen sie sich Zeit, zu ihrer Beerdigung zu kommen. Das, so meinten sie, waren sie ihr doch schuldig.

15. JANUAR
Freude machen – Zeit verschenken

Da geht man noch «auf einen Sprung» bei den Nachbarn vorbei, sieht «mal eben» bei Opa rein, gibt bei einer Freundin schnell ein paar Blumen an der Tür ab. Aber hereinkommen will man nicht erst, schon gar nicht sich setzen. Manchmal drücken einen ja wirklich Termine. Aber nicht immer. Was macht man denn mit all der eingesparten Zeit? Was für ein gemütlicher Abend könnte es werden, wenn man der Einladung der Nachbarn folgt und ein Stündchen bleibt. Welche Freude wird der Großvater über einen Besuch haben, bei dem er etwas vom Leben junger Leute erfährt. Und die Freundin ist froh, sich einmal ihre Sorgen vom Herzen reden zu können.

EINFACH ZEIT NEHMEN

16. JANUAR
Als ich Großmutter besuchte

«Es ist schon lange her, seit ich meine Großmutter das letzte Mal besucht hatte», erzählte das junge Mädchen. «Am vergangenen Sonntag raffte ich mich endlich zu einem Gang ins Altersheim auf. Meine Oma freute sich sehr, mich zu sehen. Sie erzählte mir viel aus ihrem Leben. Manche Geschichten kannte ich zwar schon, aber ich konnte sie jetzt, da ich selbst älter geworden war, besser verstehen. Was hatte Großmutter alles durchmachen müssen und wie tapfer hatte sie ihr Leben gemeistert, dachte ich im Stillen. Als ich mich verabschiedete, kamen ihr die Tränen. Sie dankte mir, dass ich gekommen war. Ich nahm mir fest vor, sie von jetzt an regelmäßig zu besuchen, um die Mauer ihrer Einsamkeit zu durchbrechen.»

17. JANUAR
Sich bei Freunden aufgehoben wissen

«Wenn wir rückblickend auf die schönsten Tage unseres Lebens schauen, immer waren es die Stunden mit Freunden, die uns beglückten», schreibt ein unbekannter Dichter. In den Zeiten, die wir mit Freunden verbringen, können wir die Masken, mit denen wir uns gelegentlich im Alltag vor seelischen Verletzungen sichern, fallen lassen. Wir dürfen uns als die Menschen offenbaren, die wir sind, ohne fürchten zu müssen, dass wir dem Spott oder der Lächerlichkeit preisgegeben werden. Das Gefühl der Geborgenheit umfängt uns wie ein wärmender Mantel. Intensive Gespräche bewegen uns zu neuen Impulsen. Solche Zeiten sind in der Tat als Glück zu bezeichnen, weil wir in ihnen sein dürfen, wie und wer wir sind.

18. JANUAR
ora et labora

«Ora et labora», «bete und arbeite», so lautet die Lebensregel der Benediktiner. Wir hingegen leben nach dem Grundsatz: labora, labora, labora! Was kann man an dem heutigen Tag noch unterbringen? Dieser Brief kann noch geschrieben, jener Anruf getätigt werden. Die Fenster wollen geputzt und der Fußboden gewischt sein. Der Einkauf und die Wäsche lassen sich auch noch irgendwie erledigen. Wie erfüllt kann ein Tag sein, wenn wir auch dem Gebet, der Kontemplation, der regelmäßigen stillen Zeit Gelegenheit geben, uns zur Ruhe und zu den Wurzeln unseres Daseinsgrundes kommen zu lassen. Angefüllt mit gesegneter Kraft können wir uns dann wieder unseren Aufgaben widmen.

19. JANUAR
«Momentan ist gerade so viel zu tun»

«Im Augenblick habe ich so viel zu tun», «momentan stehe ich gerade etwas unter Druck», «derzeit ist so viel los.» Wir kennen solche Sätze. Von anderen Menschen, aber auch aus dem eigenen Mund. Dabei ist es eins der seltensten Geheimnisse der Menschheit, dass man für das, was einem wirklich am Herzen liegt, auch Zeit findet. Wenn jemandem das dauerhaft nicht gelingt, dann zeigt er damit, dass er an dem anderen, der einen Teil seiner Zeit in Anspruch nehmen möchte, im Grunde genommen nicht interessiert ist. Eigentlich könnte er gleich sagen: «Andere Dinge sind mir wichtiger als du.» Ob er ahnt, wie weh das tut?

20. JANUAR
Gemeinsame Mahlzeiten nähren auch die Seele

Es ist heutzutage wohl schon üblich geworden, dass jeder in der Familie kommt und geht, wann er will. Gegessen wird zwischendurch, im Stehen oder vor dem Fernseher. Es könnte eine große Bereicherung für unser menschliches Zusammenleben sein, wenn die Familie sich wieder einmal zu gemeinsamen Mahlzeiten trifft. So könnte aus dem flüchtigen Akt der Nahrungsaufnahme ein fester Ort entstehen, an dem man miteinander reden und dadurch auch die Bedürfnisse der Seele stillen kann. ∞

21. JANUAR
Dem Feierabend wieder sein Recht geben

«Das müssen wir feiern», sagen wir zu Freunden oder zu Kollegen und finden uns alle zusammen abends in der Kneipe ein. Es macht ja auch Spaß, mit guten Bekannten auf ein erfreuliches Ereignis anzustoßen und einige fröhliche und gelöste Stunden miteinander zu verbringen. Aber warum feiern wir nur solche Höhepunkte im Leben? Vielleicht könnten wir ja aus den Stunden nach getaner Arbeit wirklich wieder einen Feierabend machen. Dazu müssen wir nicht jedes Mal eine Kneipe aufsuchen. Es liegt in unserer eigenen Fantasie, ob wir unsere Feierkultur über den Konsum von Alkohol hinaus erweitern. Vielleicht freuen wir uns heute über gute Musik, morgen über eine Geschichte oder ein Gedicht, übermorgen über ein gutes Gespräch in kleiner Runde oder einfach nur – über Stille. ∞

22. JANUAR
Hilfe, da stört mich jemand

Endlich hat man einmal Zeit gefunden, eine angefangene Arbeit in Ruhe zu Ende zu bringen. Während man sich gerade auf die Vorbereitungen dazu eingestimmt hat, läutet das Telefon und eine gute Bekannte bittet einen dringend um Hilfe. Es ist wirklich ein Notfall. Jetzt ist guter Rat teuer. Versucht man sich auf geschickte Art und Weise mittels einer Notlüge aus der Affäre zu ziehen, indem man beispielsweise eine Unpässlichkeit vorschützt? Wird man sein schlechtes Gewissen versuchen zu entlasten, indem man sich sagt, dass die betreffende Bekannte ja sicher noch andere Leute um Hilfe bitten könne, die ihr sicherlich näher stünden als man selbst. Oder lässt man alles Eigene stehen und liegen und macht sich unvermittelt auf den Weg?

23. JANUAR
Sich Atempausen gönnen

Jeden Tag prasselt eine Flut von Gedanken, von Worten, Bildern, Meinungen, Fragen und Anforderungen auf uns ein. Manchmal möchten wir uns am liebsten nur noch die Ohren zuhalten. Vielleicht hilft es gelegentlich, uns zwischendurch mit Atemübungen im wahrsten Sinne des Wortes ein wenig Luft zu verschaffen: Tief einatmen und durch die Nase ebenso tief und ausgiebig ausatmen. Bei jedem Ausatmen können wir uns noch etwas von dem vorstellen, was wir im Augenblick wirklich aus uns herausbringen und in die Ferne wünschen. Solche Atempausen lösen nicht das Problem steter Überanstrengung, aber sie lassen uns vorübergehend ein wenig entspannen.

EINFACH ZEIT NEHMEN

24. JANUAR
Vierzig Tage durch die Wüste

Es ist wieder modern geworden zu fasten. Es gibt heutzutage ein breit gefächertes Angebot an Diätvorschlägen, die allerdings in erster Linie der persönlichen Eitelkeit im Blick auf das von der Gesellschaft propagierte Schönheitsideal dienen. Mit Fasten ist im ursprünglichen Sinne allerdings kein Programm zum Abspecken gemeint, damit man im Frühjahr wieder in die Badehose passt. Es geht um wesentlich mehr, nämlich um Erfahrungen, die sich nicht nur auf den Körper, sondern zugleich auf den geistigen, psychischen und spirituellen Bereich menschlichen Lebens beziehen. Indem wir uns immer wieder einmal phasenweise darin einüben, das loszulassen, wovon wir existieren, stellt sich Stück für Stück die Gewissheit ein, wofür wir eigentlich leben.

25. JANUAR
Ich trage deinen Kummer mit

Heute nehme ich mir Zeit: für deine Angst, für deine Sorgen, für deine Klagen. Eigentlich hatte ich etwas anderes geplant, aber ich spüre, dass du mich jetzt brauchst. Deshalb komme ich zu dir und höre dir zu. In manches von dem, was du erzählst, kann ich mich hineinversetzen, bisweilen schüttele ich aber auch den Kopf. Du fragst nach: «Was hast du nicht verstanden?» Ein Gespräch entwickelt sich. Erst, nachdem du mich in einige Hintergründe zu deinem Erleben eingeweiht hast, beginne ich, deine Probleme wirklich zu erfassen. Dein Kummer ergreift auch mein Herz. Ich fühle mich dir nah wie nie zuvor.

26. JANUAR
Ich habe Zeit für deine Not

«In fünfzig Jahren ist alles vorbei». Mit dieser Redewendung versuchte eine Mutter ihren dreiundzwanzig Jahre alten Sohn zu trösten, der an schier unstillbarem Liebeskummer litt. Was für ein Trost, denn in fünfzig Jahren ist der Jüngling ein alter Mann. Solche Redensarten zeigen wohl oftmals unsere Hilflosigkeit im Umgang mit dem Kummer und Leid anderer Menschen. Wie viel hilfreicher ist da die Einladung eines guten Freundes: «Komm doch heute Abend bei mir vorbei. Da habe ich Zeit für dich und du kannst mir alles erzählen, was dich bedrückt. Ich werde schweigen und dir zuhören. Und dann sehen wir gemeinsam weiter.»

27. JANUAR
Mitgefühl – nicht ohne Grenzen

Immer wieder wenden sich gute Bekannte an uns, wenn sie Hilfe brauchen. Wir hören uns ihre Probleme an und versuchen, ihnen mit Rat und Tat zur Seite zu stehen. Es ist zweifelsfrei beglückend, wenn wir spüren, dass wir in der Lage sind, anderen Menschen weiterzuhelfen. Aber wir können nicht ununterbrochen geben. Irgendwann fühlen wir uns leer und brauchen selbst jemanden, der für uns da ist. Vielleicht müssen wir in solchen Augenblicken lernen, unserem Mitgefühl, bei aller Liebe, Grenzen zu setzen und auch einmal «nein» zu sagen, um Gelegenheit zu finden, selbst wieder «auftanken» zu können.

28. JANUAR
Die Menschheit durch Liebe erwärmen

Viele Menschen beklagen die menschliche Kälte unserer heutigen Zeit. Wenn man sie aber darauf anspricht, dass sie selbst daran etwas ändern könnten, indem sie sich wenigstens ein bis zwei Stunden in der Woche frei halten, um für andere Menschen da zu sein, kommt von den meisten lautstarker Protest. «Dann habe ich ja weniger Zeit für mich», meinte ein junger Mann zu diesem Thema. «Was kann ich schon ausrichten?», ergänzte eine Frau. «Wenn alle Menschen etwas für andere tun würden, wäre ich auch dabei», erwiderte eine andere, «aber allein habe ich keine Lust dazu. Was bringt das schon?» Eine alte jüdische Redensart lautet: «Wenn du eines Menschen Leben rettest, dann hast du die ganze Welt gerettet.»

29. JANUAR
Jeder ist irgendwo Ausländer

Ich war gerade unterwegs zu einem wichtigen Termin, als plötzlich ein dunkelhäutiger Mann vor mir stand und mich mit großen Augen ansah. «Wo bitte ist Post?», fragte er mich. Ungeduldig versuchte ich ihm den Weg zu erklären. Seinem Gesichtsausdruck entnahm ich, dass er meinen komplizierten Schilderungen nicht folgen konnte. Ich blickte nervös auf meine Armbanduhr, als mir sekundenschnell die Erinnerungen an die Zeit aufleuchteten, in der ich in Brasilien gelebt hatte. Wie hilfsbereit und geduldig waren die Menschen dort mit mir, der Fremden, stets umgegangen. «Kommen Sie», sagte ich zu dem Afrikaner. Und dann ging ich mit ihm zusammen so weit, bis er das Postamt sehen konnte.

30. JANUAR
Zeit schenken

Wir spüren, dass sich ein Mensch, der uns nahe steht, unter unheimlichem zeitlichen Druck befindet. Wir möchten ihm etwas schenken, aber wir wissen: Geld hat er genug. Also bleibt nur eines: Wir schenken ihm Zeit. Wir laden ihn einmal in der Woche zum Essen ein oder kochen für ihn und bringen ihm die Mahlzeit nach Hause. Wir räumen seine Wohnung auf, pflegen seinen Garten oder organisieren für ihn Putzfrau und Gärtner. Wenn möglich, greifen wir ihm auch im beruflichen Bereich unter die Arme. Der Fantasie sind keine Grenzen gesetzt, um tatkräftig daran mitzuwirken, ihn Entlastung spüren zu lassen. ∞

31. JANUAR
«Gut Ding will Weile haben»

Da war einmal ein Mann, der ein großes Stück Land zu bewirtschaften hatte. Schon im Winter erwartete er voller Sehnsucht das Frühjahr, um endlich säen zu können. Schließlich war die Zeit gekommen, in der die Sonne den Boden dazu ausreichend erwärmt hatte. Voller Freude pflügte er den Boden und brachte das Saatgut aus. Von nun an ging er täglich hinaus, um zu beobachten, wie die Saat aufging. Doch nichts geschah. Da begann er, die Erde mit seinen Händen aufzuwühlen. Dass er dabei die ersten Keimlinge grob zerstörte, bemerkte er nicht. Und so kam es, dass er im Herbst völlig ohne Ernte da stand. Wie reich hätte er sein können, hätte er die nötige Geduld aufgebracht, um das, was er gesät hatte, in Ruhe wachsen und reifen zu lassen. ∞

FEBRUAR
einfach glücklich sein

1. FEBRUAR
Glückwünsche

Es gibt viele Gelegenheiten, zu denen wir einander Glück wünschen: zum Geburtstag oder zum Namenstag, zur Hochzeit oder zum neuen Jahr. Was aber meinen wir damit? Sicher nicht Reichtum ohne Ende, wohl aber, dass wir im Großen und Ganzen zufrieden sein mögen mit unserem Leben und unser tägliches Auskommen haben. Sicher nicht, dass wir innerlich schon lebenssatt sind, sondern dass wir lebenshungrig und neugierig bleiben auf die Überraschungen, die das Leben für uns bereit hält. Denn Glück ist ja nichts Statisches, das wir festhalten können, sondern das Geschenk, offen zu sein für Erfahrungen, die unser Herz erfüllen und uns lebendig machen. ❧

2. FEBRUAR
sich selbst mögen

Die Voraussetzung für ein glückliches Leben besteht wohl in der Fähigkeit, sich selbst anzunehmen. Denn solange man beim Blick in den Spiegel zu der Erkenntnis kommt, dass einem die eigene Nase nicht gefällt, oder wenn man meint, sich seiner kleinen Macken und Marotten schämen zu müssen, dann steht man sich nur selbst im Weg. Vielleicht macht es Sinn, auf einem Zettel einmal zu notieren, was einem an sich selbst gefällt. Es wäre schön, wenn sich diese Liste an jedem Tag ein wenig erweitern würde. So lernt man, sich mehr und mehr zu mögen. Und am Ende kann man vielleicht das, was man nun wirklich nicht an sich leiden kann, zumindest akzeptieren. ❧

3. FEBRUAR
sich angenommen und geliebt wissen

Das größte Glück liegt sicher darin, sich von einem anderen Menschen wirklich ganz angenommen zu wissen. Zu spüren, dass es nicht nur die angenehmen, starken und schönen Seiten der eigenen Person sind, die gefallen, sondern wahrzunehmen, dass man sich dem anderen auch mit seinen Ängsten und Schwächen zumuten darf. Dass man sich in eine Freundschaft oder Liebe hineinfallen lassen kann wie in ein Netz, das gerade dann trägt, wenn einem der Boden unter den Füßen entzogen wird. Dass man spürt, dass es da jemanden gibt, der an dem eigenen Leiden mitleidet, der sich aber auch an den Hoch-Zeiten des Lebens mitfreut und sie mit einem neidlos teilt und feiert.

4. FEBRUAR
Da habe ich aber Glück gehabt

«Da habe ich aber Glück gehabt» sagen wir gelegentlich im Alltag. Zum Beispiel, wenn wir unseren Zug nur deshalb noch erreicht haben, weil er Verspätung hatte, wenn wir den letzten ersehnten Pullover in unserer Größe ergattert oder ein ganz besonderes Schnäppchen gemacht haben. Vielleicht freuen wir uns über solche Erfolgsmomente deshalb so sehr, weil wir etwas erreicht haben, was anderen nicht gelungen ist. In die Freude mischt sich unbewusst ein Siegergefühl. Genießen wir es also, dass wir heute auf der Seite der Gewinner stehen und hoffen wir darauf, dass auch der morgige Tag ähnliche kleine beglückende Erlebnisse und Trophäen für uns bereit hält.

5. FEBRUAR
Nach außen hin offen sein

Niemand von uns kann sich ein Haus ohne eine Tür vorstellen. Da kämen wir uns vor wie bei den Schildbürgern. Natürlich brauchen wir die Möglichkeit, in unser Haus hinein-, aber eben auch wieder herauszugehen. Mit unserem Lebenshaus ist es ebenso. Wir brauchen Zeiten, in denen wir uns von der Welt zurückziehen und ganz auf uns selbst besinnen können. Aber dann brauchen wir auch wieder die Tür, die uns nach draußen entlässt. Je mehr Gelegenheit wir uns schenken, «draußen» auch Lebensweise und Probleme anderer Menschen mit in unser Blickfeld zu nehmen, um so weiter wird unser Horizont und umso tiefer die Güte unseres Herzens, ohne die ein glückliches Leben nicht vorstellbar ist.

6. FEBRUAR
«Trautes Heim – Glück allein»?

«Trautes Heim – Glück allein», dieser Redensart entspricht heutzutage, gerade für junge Menschen, das, was unter Glück zu verstehen ist. Ein eigenes Häuschen und eine Familie. Drumherum ein Gartenzaun; kleine, heile Welt. Schön wäre es, wenn sich eines Tages die Pforten öffnen könnten und Schritte nach draußen gewagt werden würden. Zum Beispiel eine Reise in ferne Länder, um selbst Gast zu sein und die fremde Kultur in ihrer Vielschichtigkeit wenigstens ansatzweise kennenzulernen und zu verstehen. «Fremdheit überwinden – und zu menschlicher Begegnung finden» – könnte dann ein erweitertes Lebensmotto sein.

7. FEBRUAR
Ganz bei sich selbst sein

Eines der unbarmherzigsten Instrumente unserer Zeit ist die Uhr, durch die unser Alltag strukturiert wird. Dabei gehört es ganz wesentlich zur Kunst eines glücklichen Lebens, sich dann und wann ihrer Diktatur zu entziehen. Vielleicht gelingt einem das im Garten. Bei der Gestaltung von Beeten und Sitzecken kann man seine Fantasie spielen lassen; bei der Pflanzenpflege kann man sich am Wachstum und Blühen der Blumen erfreuen und in seinen Gedanken versinken. Oder man übt sich in der Meditation, durch die ebenfalls die alltäglichen Sorgen und Probleme mehr und mehr beiseite rücken und einen mit dem Glück beschenken, ganz bei sich selbst sein zu können.

8. FEBRUAR
Sich stets neuen Impulsen öffnen

Als der Altbundespräsident Richard von Weizsäcker seinerzeit seinen siebzigsten Geburtstag feierte, sagte er lächelnd, das Schöne an diesem Alter sei, dass man sich nicht mehr ändern müsse. Eigentlich eine beeindruckende Aussage. Eine 75 Jahre alte Dame reagierte darauf allerdings empört: Jeder Tag sei doch reich an neuen Eindrücken und Erfahrungen und würde einen fordern, sich damit auseinanderzusetzen und dadurch auch zu verändern, meinte sie. Was für Perspektiven für ein gelingendes und glückliches Altern, wenn man sich dem Leben gegenüber nicht verschließt, sondern immer wieder neuen Gedanken und Impulsen gegenüber öffnen kann.

9. FEBRUAR
Vom höchsten Gut

Wenn wir einem Menschen zum Geburtstag gratulieren, dann verbinden wir im Allgemeinen damit auch den Wunsch für Gesundheit. Je älter wir werden, umso häufiger kommt dann auch die entsprechende Reaktion «Ja, das ist das Wichtigste.» Aber genießen wir es auch, gesund zu sein? Wenn wir ein kleineres Leiden haben, wissen wir das immer schnell mit den damit verbundenen Einschränkungen zu benennen: «Ich kann die Treppe nicht steigen, weil die Knie weh tun.» – «Ich kann nicht schreiben, weil die rechte Hand verstaucht ist.» – «Ich kann nicht so schnell gehen, weil ich mir einen Zeh gebrochen habe.»
Gehen wir unseren Alltag doch einmal ganz bewusst umgekehrt an: «Ich freue mich darüber, dass ich gut zu Fuß bin und einkaufen gehen kann.» – «Es stimmt mich fröhlich, dass ich in der Lage bin, die Hausarbeit zu erledigen.» – «Ich bin froh darüber, dass ich imstande bin zu turnen und zu tanzen.»
Was haben wir doch für ein gutes Leben. ∞

10. FEBRUAR
Die eigenen Begabungen entdecken

Es gibt Menschen, die trauen sich überhaupt nichts zu. Auf jeden Vorschlag, einmal etwas Neues auszuprobieren, zum Beispiel zu basteln, zu malen oder ein einfaches Musikinstrument zumindest für den Hausgebrauch zu erlernen, reagieren sie schnell mit einem: «Das kann ich ja doch nicht.» Dabei wissen wir aus Erfahrung, welch tiefes Glücksgefühl sich in uns breit macht, wenn wir wieder ein neues kleines Talent in uns entdeckt und erschlossen haben. Es spielt dabei keine Rolle, ob andere Menschen vergleichsweise Besseres leisten können, sondern es kommt in erster Linie darauf an, dass wir das Eigene aufspüren und verwirklichen können. ∾

11. FEBRUAR
«Das Glück kann man nicht kaufen ...»

Täglich versucht die Werbeindustrie, uns mittels raffinierter Texte und Bilder zum Kauf eines Produktes zu verführen, das uns angeblich glücklich machen soll. Dabei wissen wir aus Erfahrung, dass sich die Freude über einen gekauften Gegenstand oft schon nach kurzer Zeit verbraucht hat. Danach versuchen wir erneut, unsere innere Leere mit weiteren Einkäufen zuzudecken. Wir können uns die ganze Wohnung mit den teuersten Gegenständen voll stellen, aber wirklich glücklich werden wir dabei nicht. Dauerhaft glücklich werden können wir wohl nur durch das Geschenk eines Schlüssels in Gestalt eines ermutigenden und belebenden Wortes, mit Hilfe dessen wir uns den inneren Reichtum unserer eigenen Seele immer wieder neu erschließen dürfen. ∾

12. FEBRUAR
Hans im Glück

«Hans im Glück»? Das war doch der junge Mann, der für sieben Jahre Treue von seinem Herrn einen kopfgroßen Klumpen Gold bekam. Das Gold tauschte er gegen ein Pferd, das Pferd gegen eine Kuh, die Kuh gegen ein Schwein, das Schwein gegen eine Gans, die Gans gegen einen Wetzstein und einen Stein, um darauf Nägel zu schlagen. Beide Steine fielen durch eine ungeschickte Bewegung in den Brunnen.
Was für ein Trottel, denken wir. Wie kann man Vermögen so einfältig verschleudern und bei jedem Tausch auch noch denken, man habe das große Los gezogen.
Doch das Märchen endet mit den Worten: «‹So glücklich wie ich gibt es keinen Menschen unter der Sonne!› Mit leichtem Herzen und frei von aller Last sprang er nun fort bis er daheim bei seiner Mutter war.»
Vielleicht ist es ja gar keine Dummheit, sich der Dinge zu entledigen, die einem das Leben schwer machen und die ihren einstmaligen Wert eingebüßt haben. Vielleicht ist Hans ja doch kein Tor, sondern ein Lebenskünstler, der auf dem Weg nach Hause, zu seinen Wurzeln, alles, was sich verbraucht hat, leichten Herzens ablegen kann, um aus den äußeren Abhängigkeiten zu seiner inneren Freiheit zu finden – und gerade dadurch zu einem glücklichen Menschen zu werden.

13. FEBRUAR
Die Wirklichkeit genießen können

Ein kleiner Junge, der vor einigen Jahren in Karlsruhe aufgewachsen war, bei seinem ersten Besuch im Schwarzwald: «Das sieht ja aus wie in der Schwarzwaldklinik!» So weit sind wir also schon, dass die Wirklichkeit an den bunten Bildern gemessen wird, die uns täglich ins Wohnzimmer flimmern. Wie befreiend kann es da sein, wenn wir den Fernsehapparat ausschalten, um einen Spaziergang durch den «richtigen» Wald zu machen, uns mit guten Bekannten zu treffen oder uns mit einem Hobby zu beschäftigen. Die unmittelbaren Erfahrungen in der Natur, im Gespräch oder mit uns selbst erfüllen uns viel intensiver mit Glück als das vorgespielte Leben «aus zweiter Hand». ∽

14. FEBRUAR
Schenk dir Stille

Es gibt viele Menschen, die durch ihr Leben hetzen. Auf der einen Seite klagen sie über die zahllosen Termine, auf der anderen Seite suchen sie ständig nach Abwechslung und Ablenkung. Vielleicht mag in diesem ständigen Beschäftigungszwang auch eine Flucht vor der Stille liegen. Denn der Rückzug in die Stille führt zur Auseinandersetzung mit sich selbst und dem, was die Seele bewegt. Dabei liegt gerade darin die Chance zu einem glücklichen Leben: sich in aller Ruhe dem zu stellen, was in der eigenen Tiefe vorgeht und dadurch erkennen zu können, welchen Schritt man als nächsten nach außen hin wagen will. ∽

15. FEBRUAR
Zeit für andere Menschen übrig haben

Schon seit einigen Wochen hatte sich eine junge Frau zu einem Besuch bei einer schwerkranken alten Dame angemeldet. Wider Erwarten schien an diesem Tag – nach einer längeren Regenperiode – die Sonne. Zuerst ärgerte sich die Frau angesichts des frühlingshaften Wetters über die Verpflichtung, die sie eingegangen war und stellte sich vor, was sie an diesem Nachmittag für sich selbst hätte Schönes unternehmen können.
Die Freude aber, die ihr Besuch dann auslöste, beschämte sie fast. Durch ihr Zuhören und Erzählen hatte sie das Herz eines Menschen erwärmt, der nicht mehr in der Lage war, das Haus ohne fremde Hilfe zu verlassen. Am Abend verspürte sie ein tiefes Glücksgefühl darüber, diesen Nachmittag wirklich sinnvoll verbracht zu haben.
Vielleicht erfüllt es uns manchmal viel tiefer mit Glück, etwas für andere Menschen zu tun als den eigenen Bedürfnissen zu folgen.

16. FEBRUAR
Leben mit allen Sinnen

Vielen ist wohl das Bild von den drei Affen bekannt: der eine hält sich die Augen zu, der andere die Ohren und der dritte den Mund. Viele Menschen gehen so durch's Leben: nichts sehen, nichts hören, nichts sagen. Und dann klagen sie darüber, dass das Leben langweilig sei. Dabei ist die Welt voller Geheimnisse und Wunder: Die Natur ist, gerade im Sommer, reich an den herrlichsten Farben und Düften, ja schon die intensive Betrachtung einer einzelnen Blume kann das Herz dazu beleben, auch im Inneren Neues wachsen und blühen zu lassen. Wer die Schönheit der Welt mit allen Sinnen zu erfassen vermag, den treibt es auch dazu, sein erfahrenes Glück anderen zu vermitteln und es dadurch zugleich mit anderen zu teilen.

17. FEBRUAR
Herausforderungen machen lebendig

Es gibt Zeiten, in denen ständig jemand etwas von einem will: einige Stunden seiner Zeit, seine Meinung, seinen Rat, sein geduldiges Zuhören, seine Mitarbeit an einem neuen Projekt. Manchmal werden einem all diese Ansprüche fast zu viel, und man möchte sich nur noch in die Stille zurückziehen und in ihr verkriechen wie in einer Höhle. Das kann man ja auch für eine Weile genüsslich tun. Auf der anderen Seite aber spürt man, dass man die alltäglichen Herausforderungen durch die Menschen um einen herum auch immer wieder braucht, weil sie die eigenen Gedanken und Fantasien bewegen und beleben und einem das Glück innerer Lebendigkeit schenken.

18. FEBRUAR
Erobere dir nach und nach die welt

Man sucht ein bestimmtes Sachbuch und stößt dabei zufällig auf einen Gedichtband. Vielleicht hat man gerade etwas Zeit, um darin zu stöbern. Plötzlich entdeckt man Verse, die man zwar früher schon einmal gelesen hat, die aber gerade jetzt ganz neue Perspektiven erschließen. Oder man sieht eine Fernsehsendung und bekommt dadurch bisher unbekannte, wichtige Informationen, die man anschließend über andere Medien weiter verfolgen kann. Selbst während eines zunächst belanglosen Gesprächs können unvermittelt überraschende Impulse für die eigene Lebensgestaltung aufleuchten.
Vielleicht muss manchmal die Zeit reif dafür sein, dass wir ein Wort, einen Gedanken nicht nur mir den Ohren hören, sondern dass er unser Herz anspricht und uns in unserem Wesen ergreift.
Wer weiß, vielleicht wird auch der heutige Tag zu einer aufregenden Abenteuerreise – hin zu neuen Ufern unseres Selbst ∾

19. FEBRUAR
sich leicht nehmen können

«Warum haben Engel Flügel? Weil sie sich leicht nehmen», formulierte einmal der Kirchenvater Augustin. Was für ein faszinierender Gedanke, wenn wir uns vorstellen, dass in jedem von uns, neben allen dunklen und anstrengenden Seiten, auch ein Engel steckt. Dass uns also auch eine innere Kraft verfügbar ist, uns nicht von Missgeschicken oder gescheiterten Vorhaben lange niederdrücken zu lassen. Als besonders glücklich ist wohl der Mensch zu schätzen, dem eine Portion Humor mit in seine Wiege gelegt worden ist. Ihm wird es umso leichter fallen, enttäuschenden Erfahrungen mit Selbstironie und Witz zu begegnen und ihnen damit die erdrückende Schwere zu nehmen. Aber ein wenig kann es ein jeder tagtäglich üben, die inneren Flügel Stück für Stück wachsen zu lassen.

20. FEBRUAR
sich versöhnen können

Es gibt im Leben seelische Verletzungen, die so tief gehen, dass man daraufhin die entsprechende Beziehung abbricht. Auf der anderen Seite verspürt man vielleicht gelegentlich das tiefe Bedürfnis, sich mit jemandem, mit dem man im Streit auseinander gegangen ist, auszusprechen und wieder zu vertragen, weil man sich sagt, dass das Leben einfach zu kurz ist, um lange mit einem anderen Menschen in Uneinigkeit zu leben. Wenn solch ein «Versöhnungsakt» gelungen ist, dann hat man oftmals das Gefühl, als sei einem ein Stein von der Seele gefallen. Auch dieses befreiende Gefühl von Vergebung und Neuanfang kann man als tiefes Glück erleben.

21. FEBRUAR
Der glücklichste Mensch der Welt

«Ich halte Jesus für den glücklichsten Menschen der Welt, der je gelebt hat», hat die Theologin Dorothee Sölle einmal geschrieben. «Jesus erscheint in der Schilderung der Evangelien als ein Mensch, der seine Umgebung mit Glück ansteckte, der seine Kraft weitergab, der verschenkte, was er hatte ...»
Und sie meint damit, dass Glück nicht darin liegt, viele Güter anzusammeln und sich krampfhaft an dem eigenen Leben festzuhalten, sondern aus innerer Freiheit heraus Herz und Hände zu öffnen, um andere Menschen teilhaben zu lassen an dem Glück, das einem selbst zugefallen ist.
Das heißt: den Menschen, die vor Ort aufgrund ihrer Nationalität, ihrer Religion, Kultur oder Lebensform ausgegrenzt sind, ohne Vorurteile zu begegnen. Das heißt aber auch, den Blick hinaus in die Welt zu riskieren und mit den Armen und Hungernden – nun auch im materiellen Bereich – aus innerer Solidarität heraus den eigenen Reichtum zu teilen. ↝

22. FEBRUAR
Leiden durchstehen

Es gibt Zeiten, in denen das Leben als so schmerzvoll und erdrückend erlebt wird, dass man Glück schon gar nicht mehr zu träumen geschweige denn darauf zu hoffen wagt. Wie soll ein Mensch auch mitten in der Nacht der Verzweiflung von der Hoffnung auf einen neuen Morgen getragen werden? Vielleicht besteht aber doch eine leise Spur des Glücks darin, die Zeit der grenzenlosen Belastung oder Trauer überhaupt durchzustehen, ohne sich ganz von der Welt zurückzuziehen und verbittert die Augen vor dem zu verschließen, was einem an kleinen Zeichen von Freundschaft, Ermutigung und Trost von außen entgegenkommt. Viele solcher ganz kleinen Lichtblicke können zu einer Brücke werden, um eines Tages wieder ganz ins Leben zurückzufinden. ∞

23. FEBRUAR
«Wende dein Gesicht zur Sonne ...»

Es ist noch gar nicht so lange her, da gab es die Modewelle: «Positiv denken». Nun ist nichts dagegen einzuwenden, wenn man nicht ständig als griesgrämiger Pessimist durch die Gegend läuft, sondern dann und wann auch in dunklen Erfahrungen etwas Gutes zu entdecken sucht. Es könnte sich allerdings verhängnisvoll auswirken, wenn man einem Menschen, der in einer tiefen Depression steckt, ermuntern wollte, Positives in seiner Situation zu entdecken. Wohl dem, der in solch einer Phase psychischer Erkrankung Menschen findet, die ihn still begleiten, bis er eines Tages von sich aus wieder Spuren der Zuversicht zu erkennen vermag. Erst dann mag ein äthiopisches Sprichwort zum Glück neuer Lebensfreude bewegen: «Wende dein Gesicht zur Sonne, denn dann fallen die Schatten hinter dich.» ∞

24. FEBRUAR
Auch anderen etwas gönnen können

Es gibt Menschen, die immer und überall die Ersten sein müssen. Mal geht es dabei um die vorderen Plätze im Bus, ein anderes Mal um die beste Aussicht im Restaurant, dann wieder um das größte Stück Fleisch auf dem Buffet. Wie viel Angst muss sich hinter solchem ständigen eigennützigen Verhalten verbergen, im Leben bisher vielleicht häufig zu kurz gekommen zu sein. Wie glücklich ist hingegen derjenige, der auch einmal zurücktreten und den anderen die erste Reihe überlassen kann, der aus dem Gefühl innerer Freiheit heraus auch den Mitmenschen etwas Gutes gönnen kann. ⁓

25. FEBRUAR
Frei sein können

«Freiheit hieße für mich, dass ich tun und lassen dürfte, was ich wollte. Und das geht nun einmal nicht. Deshalb gibt es auch keine Freiheit», sagte einmal ein junger Mann. Vielleicht kann man darüber auch anders denken. Trotz aller Prägungen, die wir durch unsere Erziehung erfahren haben, bleibt uns vielleicht doch immer noch Raum zur Entscheidungsfreiheit, wie wir mit uns und unserem Leben umgehen wollen. Dazu gehört auch das Glück, in einem Staat zu leben, der uns durch sein System, so kritikwürdig, wie manches daran auch sein mag, die Freiheit gewährt, zu denken, zu sagen, zu glauben und, im Rahmen der demokratischen Spielregeln, zu tun oder auch zu lassen, was wir wollen. ⁓

26. FEBRUAR
Dann und wann ein Lob

Wir wissen aus eigener Erfahrung, dass uns ein ehrlich gemeintes Lob aufblühen lässt und uns mindestens einen ganzen Tag lang glücklich machen kann. Warum sind wir denn dann selbst oft so sparsam mit lobenden und anerkennenden Worten anderen Menschen gegenüber. Ich habe mir jedenfalls heute vorgenommen, mit einem großen Sack voller Lob durch den Tag zu gehen. Als erstes hebe ich den regelmäßigen Fleiß eines im allgemeinen recht schwachen Schülers vor der ganzen Klasse hervor. Beim Einkaufen schenke ich der Fleischverkäuferin bewundernde Worte, weil es ihr gelingt, die von mir gewünschten 250 Gramm Roastbeef genau auf das Gramm abzuschneiden. Und im Blumengeschäft würdige ich mit herzlichen Worten die geschmackvolle Zusammenstellung des Straußes. So viele strahlende Gesichter habe ich an einem Tag bisher selten gesehen.

27. FEBRUAR
«Jeder ist seines Glückes Schmied»

Es gibt ein Sprichwort, das lautet: «Jeder ist seines Glückes Schmied.» Da ist etwas Wahres dran. Mancherlei im Leben kann man beeinflussen. Auf der anderen Seite liegt in allen Planungen der eigenen Lebensgestaltung auch die Gefahr, sich auf bestimmte Ziele allzu sehr festzulegen. Denn manchmal können uns Begegnungen, Erfahrungen oder Gespräche dazu anregen, bisherige Vorstellungen aufzugeben und unser Glück in einem Bereich zu finden, in dem wir es vielleicht bisher am wenigsten vermutet hätten.

28. FEBRUAR
was ich zum Leben – nicht – brauche

Glück bedeutet auch die innere Freiheit von gesellschaftlichen Zwängen. Man muss sich nicht dem Diktat der neuesten Kleidermode unterwerfen, wenn man nicht auf einem Laufsteg promenieren, sondern seinen eigenen Weg durch das Leben finden will. Man kann sich an seinem Auto freuen, weil es einem ein Stück Unabhängigkeit im Alltag schenkt, aber man muss es nicht Freunden und Nachbarn gegenüber als Statussymbol ins Feld führen. Man braucht keine große Villa, aber einen Raum, den man sich behaglich gestalten kann, in dem man sich wohl und geborgen fühlt – einen Raum, in dem man sich gelegentlich Stille schenken und zu sich selbst finden kann. ∞

29. FEBRUAR
Nichts wird spurlos verschwinden

Man sagt bisweilen von einem Menschen, der untergetaucht ist: «Der ist spurlos verschwunden.» Aber ist das überhaupt möglich? Jeder von uns hinterlässt an jedem Tag seines Lebens doch zahlreiche Spuren, unsichtbare Spuren in den Seelen anderer Menschen. Da können wir in der Tat schon mit Blicken töten, durch Worte Rufmord begehen oder durch schlimme Beschuldigungen die Basis von Liebe und Vertrauen zerstören. Auf der anderen Seite können wir einen Menschen aber auch mit anerkennenden Worten ermutigen oder ihn mit einer Geste der Zärtlichkeit oder der Liebe in seinem Herzen glücklich machen. ∞

MÄRZ
einfach zufrieden sein

1. MÄRZ
Den eigenen Frieden finden

Der zentrale Begriff in dem Wort Zufriedenheit ist «Frieden.» Um zu einer zufriedenen Lebenshaltung zu finden, müssen wir uns zunächst fragen, ob wir einverstanden sind mit unserem bisherigen Lebensweg und ob uns unsere tägliche Lebensgestaltung so erfüllt, dass wir am Abend den verflossenen Tag dankbar aus den Händen legen können.
Wirklich zufrieden, also in Frieden leben können wir darüber hinaus aber sicher nur dann, wenn wir ausgesöhnt sind mit Menschen, von denen uns Missverständnisse und Streit getrennt haben und wenn wir immer wieder neu bereit sind, Feindseligkeiten aus der Welt zu schaffen. Insofern wird «Zufriedenheit» kein dauerhaftes «sanftes Ruhekissen» für uns sein, sondern eine Erfahrung, die immer wieder neu erkämpft und errungen werden will. ∾

2. MÄRZ
Und «dennoch» Spaß haben

Manchmal tun wir uns schwer mit dem Leben. Sorgen drücken uns und Ängste, Stress und Leistungsdruck machen uns den Alltag gelegentlich zur Qual, unliebsame Mitmenschen tragen dazu bei, unsere Lebensfreude zu dämpfen.
Wie oft haben wir das Gefühl, dass wir ein großes Problem hinter uns lassen konnten und hoffen, dass das Leben nun endlich leichter werden würde. Und schon stellt sich die nächste Krise oder Belastung ein, damit es einem, wie es scheint, nur nicht zu gut gehen möge.

Vielleicht können wir es aber üben, uns nicht von jeder anstrengenden Situation die letzten Kräfte rauben zu lassen, sondern dem Leben dennoch – wenigstens eine halbe Stunde am Tag – Spaß und Genuss abzutrotzen, damit wir innerlich mit uns selbst wieder ins Gleichgewicht kommen.

3. MÄRZ
Ängste stehen uns im Weg

Wer kennt nicht solche Situationen: Man ist glänzend vorbereitet, in letzter Minute beschleicht einen aber doch Lampenfieber vor einer Rede; man will mit einem seiner Vorgesetzten ein Gespräch führen und bekommt vorher weiche Knie. Dabei sind sowohl Zuhörerschaft als auch Chefs Menschen, die sicher gelegentlich mit ähnlichen Problemen zu kämpfen haben. Vielleicht sollte man das sogar offen eingestehen: «Im Moment bin ich sehr aufgeregt...» Oder man versucht, sich durch eine kleine stille Meditation innerlich aufzurichten, oder sich selbst zu sagen, dass man sich nicht klein machen muss, sondern sich darauf verlassen darf, aus der eigenen Mitte heraus zu wachsen. Daraus kann man den nötigen Mut schöpfen, sich der vor einem liegenden Aufgabe aufrecht stellen zu können.

4. MÄRZ
Die Vielfalt der eigenen Begabungen entdecken

Manchmal klagen wir darüber, dass uns das Leben langweilig und leer erscheint. Diese Langeweile versuchen wir dann, mit den bunten Bildern der Fernsehprogramme zu überdecken, in denen uns bisweilen die Erfüllung der eigenen Sehnsüchte vorgespielt wird. Dabei schlummert in unseren Seelen eine unendliche Fülle an den unterschiedlichsten Begabungen und Möglichkeiten. Wenn wir auch weder ein Rembrandt noch ein Mozart oder ein Goethe sind, so kann uns doch die Entdeckung und Entwicklung der eigenen Kreativität aus der lähmenden Langeweile herauslocken und ein Gefühl tiefer Befriedigung schenken. ∞

5. MÄRZ
Koste die Stille aus

Es gibt Menschen, die stets eine Geräuschkulisse um sich herum haben müssen. Sobald sie aus der Unruhe, die sie im Berufsleben umgibt oder aus dem Lärm der Einkaufszentren und Supermärkte nach Hause kommen, haben sie das Bedürfnis, das Radio oder den Fernseher anzustellen. Dabei kann gerade eine Zeit der Stille dazu verhelfen, auch innerlich zur Ruhe zu kommen, Zwiesprache mit sich zu halten und sich dadurch wieder auf sich selbst und die eigenen tiefen Bedürfnisse zu besinnen. Wer seine inneren Stimmen nicht ständig übertönen muss, sondern die Stille erträgt oder sogar zu genießen lernt, wird immer wieder zum Einklang mit sich selbst finden. ∞

6. MÄRZ
Haus und Herz öffnen

Was könnte das für ein friedliches Zusammenleben sein, wenn wir unser Haus – und unser Herz – nicht verschließen vor den Menschen, die anders sind als wir. Wenn wir auch die muslimischen Nachbarn angstfrei zum Tee einladen und uns mit den Menschen, die eine ganz andere politische Ansicht vertreten als wir selbst, zu einem Austausch zusammensetzen können. Grenzen zu ziehen ist sicher erforderlich, aber unnötig ist es, Mauern des Unverständnisses oder gar tiefer Ablehnung gegeneinander aufzurichten. Wenn unser Herz – und unser Haus – zu einer Wohnstätte des Friedens geworden sind, wird ein Leuchten von unserer Seele ausgehen – als stünde ein neuer Stern am Himmel. ∞

7. MÄRZ
sich einmal freimachen

Warum machen wir uns so oft abhängig von dem, was andere über uns denken oder vielleicht auch nur denken könnten, was, wie es oft heißt, «die Leute» sagen? Solche Lebenshaltung führt uns auf direktem Wege in die Unfreiheit. Suchen wir doch lieber nach der eigenen, uns selbst entsprechenden Form, wie und mit wem wir unser Leben gestalten. Und schmunzeln wir bei den entsetzten Blicken oder dem Getuschel der lieben Nachbarn oder Kollegen. Solange wir niemandem schaden, sind wir frei, zu tun oder zu lassen, was wir wollen – und nur dann können wir auch sein und werden, der wir sind. ∞

EINFACH ZUFRIEDEN SEIN

8. MÄRZ
Die Sichtweise verändern

Wer schimpft nicht beizeiten über die «blöde» Kollegin, die «doofen» Verwandten, die «faulen» Kinder oder die «nervenden» Eltern. Natürlich ist es nötig, gelegentlich «Dampf abzulassen». Aber vielleicht könnten wir uns manchen Ärger ersparen, wenn wir unser Augenmerk bei der Beurteilung anderer Menschen nicht in erster Linie auf ihre unschönen Seiten, sondern auf ihre liebenswerten Qualitäten legen könnten. Vielleicht haben wir dann eine hilfsbereite Kollegin, Verwandte, die zu bewundern sind, weil sie schwere Schicksalsschläge bewältigt haben, vitale und lebensfrohe Kinder und Eltern, die früher viel für einen getan haben, jetzt aber mit dem Älterwerden und allen damit zusammenhängenden gesundheitlichen Beeinträchtigungen nicht fertig werden. Ein Perspektivwechsel dieser Art verschafft unserem Herzen wirklich Erleichterung und lässt uns infolgedessen die ein oder andere Schwäche unserer lieben Mitmenschen mit Humor ertragen.

9. MÄRZ
Jeder Tag ist ein Leben für sich

Jeder Tag ist ein Geheimnis, ja ein ganzes Leben für sich. Er kündet sich mit den ersten Sonnenstrahlen am Morgen an und schenkt uns in der vor uns liegenden Zeit die Möglichkeit, uns selbst und die Welt wieder neu zu entdecken. Natürlich wartet meistens eine ganze Reihe von Pflichten auf uns, die wir erfüllen müssen. Aber selbst in solchen anstrengenden Stunden lassen sich immer wieder Augenblicke entdecken, in denen etwas Unerwartetes geschieht, das uns schmunzeln oder gar lächeln lässt. Es kommt auf unsere eigene innere Einstellung an, ob wir auch die kleinen netten Erlebnisse in der Alltäglichkeit als Bereicherung und lohnende Erfüllung unseres Lebens wahrnehmen können.

10. MÄRZ
was macht dich zufrieden und glücklich?

Die Bilder in den Nachrichten zeigen, wie eine Familie in Katastrophengebieten überglücklich ist über einen Sack Getreide, der ihnen erst einmal das Überleben sichert. Was macht uns hierzulande glücklich? Ein Erbseneintopf auf dem Tisch, ein Schnitzel oder ein Steak? Eine Geschirrspülmaschine, eine Mikrowelle oder ein neuer Computer? Ein Winterurlaub in St. Moritz, eine Flugreise nach Mallorca oder eine Kreuzfahrt in der Karibik? Vieles von all dem ist uns selbstverständlich und lockt bei uns kaum noch ein müdes Lächeln hervor. Haben wir die Fähigkeit verloren, uns von ganzem Herzen zu freuen? Was ist es in unserem Leben, in unserem Alltag, das uns das Gefühl vermittelt, glücklich und zufrieden zu sein?

11. MÄRZ
Das Leben lieben, wie es nun einmal ist

Manchmal hadert man mit seinem Schicksal. Aber was wäre, wenn die Weichen wirklich anders gestellt gewesen wären und das Leben vor zehn oder zwanzig oder noch mehr Jahren tatsächlich eine andere Richtung eingeschlagen hätte? Was von dem, das einem in der Vergangenheit wichtig, wertvoll oder sogar heilig geworden ist, hätte man dann nicht erlebt? Welche Menschen, die einen ganz wesentlichen Einfluss auf einen gehabt haben, hätte man nicht kennengelernt? Auf welches wichtige Ereignis hätte man verzichten müssen? Vielleicht helfen einem solche Überlegungen, sich mit dem jetzigen Lebensweg, trotz aller Enttäuschungen, letztlich einverstanden zu erklären.

12. MÄRZ
Liebe ist aller Freude Anfang

Manchmal kann man den Eindruck bekommen, als sei der Mensch niemals zufriedenzustellen. Da spart er lange Zeit auf die Erfüllung eines materiellen Wunsches, kaum aber hat er den ersehnten Gegenstand in Besitz genommen, so verfliegt die zunächst rauschhaft erlebte Freude darüber schon nach kürzester Zeit und neue Wünsche bewegen sein Herz. Bei aller berechtigten Freude über schöne Dinge kann man sich schon einmal die Frage stellen, was man eigentlich wirklich braucht, um glücklich und zufrieden zu sein. Vielleicht ist die Erfahrung, von einem anderen Menschen wirklich so gemocht und angenommen zu sein, wie man nun einmal ist, doch das weitaus wertvollste.

13. MÄRZ
sorge für verhältnisse

Es gibt Menschen, die sich, gleichgültig, ob sie allein oder in Gesellschaft sind, einsam fühlen. Das mag daran liegen, dass sie zu niemandem in einem wirklich zwischenmenschlichen Verhältnis stehen. Es ist eine unserer Aufgaben im Leben, immer wieder neu dafür zu sorgen, dass wir in der Nachbarschaft oder im Bekanntenkreis, in Vereinen oder anderen Gruppen menschliche Beziehungen aufbauen. Sie vermitteln uns, bei aller gewahrten Eigenständigkeit, das Gefühl, «dazuzugehören». Wir können die anderen in Anspruch nehmen und zugleich uns geben, wie wir sind.

14. MÄRZ
man braucht nicht immer eine rolle zu spielen

Es gibt immer wieder Situationen, in denen man eine Rolle spielen muss. Einmal wird von einem erwartet, dass man freundlich lächelt, auch wenn einem eher zum Weinen zumute ist. Ein anderes Mal wird von einem Hilfe erwartet, obwohl man eigentlich gerade selbst jemanden bräuchte, der einem in den eigenen Unsicherheiten und Problemen mit Rat und Tat zur Seite steht. Mögen wir uns über all solchen Anforderungen, die von außen an uns herangetragen werden, nicht selbst vergessen und unsere eigenen Empfindungen und Sehnsüchte dauerhaft überspielen. Mögen uns in unserem Leben immer Freiräume bleiben und menschliche Beziehungen geschenkt werden, in denen wir unser Rollenspiel ablegen und ganz wir selbst sein können.

15. MÄRZ
Im Übergang zum Ruhestand

«Ich hatte mich sehr auf die Pensionierung gefreut», erzählte eine frühere Kollegin. «Endlich morgens ausschlafen und den Tag nach eigener Lust planen und gestalten können. Aber es kam doch anders. Nach einem herrlichen Urlaub, an dessen Ende meine Arbeit nun nicht mehr auf mich wartete, spürte ich plötzlich, dass ich nicht mehr zu meiner Firma dazugehörte. Mit meinen Gedanken war ich oft bei meinen früheren Kolleginnen und Kollegen. Die freie Zeit, der ich regelrecht entgegengefiebert hatte, erschien mir sinnlos und leer. Ich fühlte mich wie ein abgerissener Knopf. Es dauerte Monate, bis ich lernte, meinen Alltag mit Lesen, Vorträgen, ehrenamtlichem Engagement, Reisen und Nachbarschaftshilfe zu füllen. Aber jetzt bin ich mit meinem Leben durch und durch einverstanden.» ∾

16. MÄRZ
Strecke deine Hand zur Versöhnung aus

Keine menschliche Beziehung bleibt ohne Auseinandersetzungen. Es scheint sogar so, als ob man gerade mit den Menschen, die einem am nächsten verbunden sind, besonders oft in Streit gerät.
Vielleicht passiert das deshalb, weil man, je näher man einander steht, auch umso mehr die verletzlichen Seiten des anderen kennenlernt. Dann stellt sich einem die Frage, wer seinen Stolz oder sogar seine Dickköpfigkeit als Erster überwindet, um den Konflikt anzusprechen und wieder aus der Welt zu schaffen.
Manche Menschen halten es für Schwäche, als Erste wieder

auf den anderen zuzugehen. Aber das Gegenteil ist wohl der Fall. Wer den ersten Schritt zur Versöhnung schafft, ist immer der Stärkere. Wie zutiefst befriedigend ist das Gefühl, wenn man einander nach einer Aussprache wieder offen in die Augen sehen oder sich vielleicht sogar in die Arme schließen kann. ∞

17. MÄRZ
Geben und Nehmen in Einklang miteinander bringen

Vielleicht kennen Sie den Satz aus dem Neuen Testament: «Geben ist seliger als nehmen.» Viele Menschen leben heute wohl eher nach der gegenteiligen Devise, die lauten könnte: «Nimm, was du kriegen kannst.» Die goldene Mitte ausgewogenen Lebens liegt vermutlich genau dazwischen: Sei wachsam im Blick auf das, was ein anderer Mensch an seelischer Zuwendung oder auch an materiellen Dingen zum Leben braucht und bemühe dich im Rahmen deiner Möglichkeiten, ihm das zu geben. Auf der anderen Seite braucht man sich natürlich auch nicht zu einem Märtyrer zu machen, indem man ständig auf die Erfüllung eigener Wünsche und Bedürfnisse verzichtet. Es ist schön, wenn man sich auch von ganzem Herzen über das freuen kann, was man von einem anderen Menschen geschenkt bekommt. ∞

18. MÄRZ
Den eigenen Lebensweg bejahen

Ein älterer Herr, von schweren Krankheiten heimgesucht und durch bittere Schicksalsschläge erschüttert, sagte im Rückblick auf sein Leben, dass er zufrieden sei. In der Weise, wie er diesen Satz aussprach, war spürbar, dass er damit das erlittene Leiden im Nachhinein nicht beschönigte, sondern sich intensiv mit seiner Geschichte auseinandergesetzt und sein Leben, wie es nun einmal verlaufen ist, angenommen hatte. Ich wünsche jedem Menschen, auch mir selbst, am Ende des Lebens in solcher Weise «Ja» sagen zu können zu dem eigenen Weg, wie qualvoll er phasenweise auch gewesen sein mag, um eines Tages in Frieden Abschied nehmen zu können von der Welt. ∞

19. MÄRZ
Du bist in deinem Leben reich beschenkt

Wir dürfen so viel Schönes erfahren: Es gibt liebe Menschen, die uns schreiben oder anrufen und die für uns da sind, wenn wir Hilfe brauchen. Wir haben an jedem Tag genug zu essen und zu trinken, eine Wohnung, in der wir vor Wind und Wetter geschützt sind, und ein Bett für die Nacht – ganz zu schweigen von dem, was unsere Regale und Schränke füllt. Dann und wann können wir uns sogar einen Urlaub leisten. Mögen wir das alles nicht für selbstverständlich halten, sondern uns immer wieder aufs Neue daran erfreuen können. Je öfter wir uns diesen Reichtum des Lebens bewusst machst, umso tiefer wird ein Gefühl von Zufriedenheit unser Herz erfüllen. ∞

20. MÄRZ
Entdecke einen Sinn im Leben

«Das Leben ist öde und leer», meinte ein junger Mann. Sein Freund zeigte ihm die schönsten Pflanzen. «Was soll ich damit», erwiderte der andere desinteressiert. Der Freund ließ ihn an einem frischen Brot riechen. «Danke, ich bin satt», kam als Antwort. Da führte ihn der Freund in ein Heim für behinderte Kinder. Ein vollständig gelähmter Junge strahlte vor Freude, als eine Krankenschwester Seifenblasen vor ihm aufsteigen ließ. Da schwieg der junge Mann. Möge einen, wenn man unzufrieden ist mit der Welt und sich selbst, ein Freund an die Hand nehmen und einem zeigen, wofür zu leben sich lohnt.

21. MÄRZ
Die eigene Schönheit wieder neu entdecken

Es gibt immer wieder Zeiten, in denen wir an uns selbst zweifeln. Vielleicht tut es in solchen Augenblicken gut, darüber nachzudenken, was andere Menschen schon an schönen und liebenswerten Dingen über uns gesagt haben. Vielleicht erinnern wir uns an einen besonders herzlichen Brief, der uns gezeigt hat, wie gern ein anderer Mensch uns hat und wie wichtig wir für ihn sind. Oder uns fällt wieder ein liebevoller Satz ein, der uns tief bewegt hat. Solche Erinnerungen können ein Anfang dazu sein, sich selbst wenigstens wieder ein wenig zu mögen, um eines Tages ganz mit sich selbst zufrieden zu sein.

22. MÄRZ
sich mit sich selbst versöhnen

Manchmal hadert man mit seinem Schicksal, weil man meint, dass andere Menschen im Vergleich zu einem vom Schicksal bevorzugt worden sind. Das mag sein. Vielleicht sollte man darüber gar nicht erst nachdenken, weil man dann nur wütend oder verbittert wird. Es gibt ja in jedem Leben auch viele gute Erfahrungen, auf die man nicht verzichten möchte, weil sie einen auf dem Weg zur Persönlichkeitsentfaltung einen wesentlichen Schritt vorangebracht haben. Mögen wir uns mit unserer eigenen Lebensgeschichte aussöhnen, damit wir mit leichtem Herzen für das dankbar sein können, was uns geschenkt und ermöglicht worden ist. ∾

23. MÄRZ
von der unfähigkeit, glücklich zu sein

Vor einiger Zeit berichtete eine Zeitung von einer Frau, die in einer Quizshow 5 Millionen Euro gewonnen hatte. Ihre Familie konnte nach allem, was berichtet wurde, das Geld grundsätzlich gut gebrauchen. Aber allen Erwartungen zum Trotz konnte die Gewinnerin mit dem unerwarteten Geldsegen gar nichts anzufangen. Spiegelt sich in der Unfähigkeit zur Freude etwas von unserer allgemeinen gesellschaftlichen Einstellung dem Leben gegenüber wider? Was wäre, wenn plötzlich alle unsere materiellen Wünsche in Erfüllung gehen könnten? Wären wir damit womöglich überfordert? ∾

24. MÄRZ
sich seinen dunklen seiten stellen

Es lebt so viel Hass und Aggression, Missgunst und Neid in der Welt draußen – und auch in jedem Menschen selbst. In jeder und jedem von uns sind, neben allen liebenswerten Seiten, auch dunkle Kräfte vorhanden, die wir nicht so gerne wahrhaben und anschauen wollen. Es hilft uns aber auf Dauer für den Umgang mit uns selbst und mit anderen Menschen uns einzugestehen, dass wir keine Engel sind. Wenn wir unsere unsympathischen, hässlichen Eigenschaften anzunehmen bereit sind, haben wir auch mehr Verständnis für die Schwächen unserer Mitmenschen. Oft regen uns an anderen ja gerade die Verhaltensweisen so fürchterlich auf, die wir bei uns selbst krampfhaft unterdrücken. Achten wir also auf die eigenen, im Schatten liegenden Anteile unserer Seele, damit wir sie nicht an anderen Menschen bekämpfen müssen. Das wäre wirklich ein Schritt zum Frieden mit denen, an denen uns etwas heftig stört – und ein Schritt zur eigenen Stimmigkeit.

25. MÄRZ
Das Schöne in sich kräftigen

Natürlich bleiben uns die schwachen Seiten der Menschen, mit denen wir viel zu tun haben, nicht verborgen. Gelegentlich nutzen wir dieses Wissen gerne aus, indem wir ihnen Fehler nachweisen und sie bloßstellen. Wir würden für uns selbst viel gewinnen, wenn wir unsere eigenen schwachen Seiten erkennen und annehmen können, zugleich aber auch unsere Stärken suchen und entdecken könnten. Wenn wir das Schöne, das Liebenswerte in uns selbst kräftigen, werden wir zunehmend selbstbewusster und zufriedener und können andere Menschen neben uns gelten lassen, so wie sie sind.

26. MÄRZ
Den Jugendwahn durchbrechen

«Jung, dynamisch, weltoffen», so lautete einmal eine Kaufhausreklame. Die Jugendlichkeit hat Hochkonjunktur. Wie reden nicht mehr von alten Menschen, sondern von den «jungen Alten», nicht mehr vom «Ruhestand» sondern vom «Unruhestand». Geistige und körperliche Aktivitäten in fortgeschrittenen Lebensstadien sind zu begrüßen: sie halten – erwiesenermaßen – das Denkvermögen als auch den Organismus fit. Aber ältere Menschen sollten nicht mit der Jugend konkurrieren müssen, sondern zu ihrem Alter stehen dürfen und sich dessen nicht schämen. Halten wir es mit den Worten einer über achtzigjährigen Dame, die sagte: «Ich bin stolz auf meine Runzeln, die habe ich mir im Laufe meines Lebens hart erarbeitet.»

27. MÄRZ
Am Abend den verflossenen Tag bedenken

Wenn sich am Abend die Dämmerung über Stadt und Land neigt, um der blauen Stunde ihre Zeit zu schenken, dann darf man die Arbeit mit gutem Gewissen aus der Hand legen und versuchen, mit sich selbst zur Ruhe zu kommen. In solchen Stunden entsteht innerlich Raum dafür, den verflossenen Tag noch einmal in Gedanken durchzugehen. Welchen Menschen ist man begegnet, was hat Mühe und Anstrengung gekostet, von wem hat man ein ermutigendes Wort gehört? Was hat man selbst gesagt und der eigenen Einschätzung nach richtig gemacht, was war unschön, was hat man versäumt? Solche Stunden der Einkehr helfen, die Richtschnur zu finden für den kommenden Tag.

28. MÄRZ
Unsere Träume leben

«Eigentlich würde ich gern studieren,» sagte die Arzthelferin mit Abitur, «aber ich habe Angst, dass ich das nicht schaffe.» «Eigentlich würde ich gern einmal nach Amerika reisen.» «Eigentlich wünsche ich mir seit langem, einen Segelflugkurs zu machen.» Angst, Unsicherheit und Bequemlichkeit hindern Menschen daran, sich ihre Lebensträume zu erfüllen. Wir leben, zumindest auf dieser Erde, nicht ewig. Verwirklichen wir doch, wenn es irgendwie geht, unsere Träume, damit wir am Ende unserer Tage mit dankbarem und zufriedenem Herzen sagen können: «Mein Leben habe ich gelebt»!

29. MÄRZ
Die Erwartungen herunterschrauben

Ob man mit sich und dem Tag zufrieden sein kann, hängt auch von den eigenen Erwartungen an sich selbst und das persönliche Umfeld ab. Wenn man meint, man müsse jeden Tag eine besondere Leistung erbringen und infolgedessen ein hohes Lob erhalten, dann setzt man sich unter einen enorm hohen Druck und überfordert sich selbst. Ebenso setzt die Vorstellung, dass sich etwas Außergewöhnliches ereignen müsse, damit man den Tag als gelungen betrachten kann, unerreichbare Maßstäbe. Wenn sich derlei Wunschträume nicht erfüllen, kann man ja abends nur enttäuscht und unzufrieden sein. Es ist im Grunde schon ein Stück vom Glück, wenn wir gesund sind, wenn wir unsere Aufgaben tagsüber erfüllt haben und am Abend noch ein wenig Zeit für uns selbst bleibt.

30. MÄRZ
Sterne erhellen die Nacht

«Der Mond ist aufgegangen, die gold'nen Sternlein prangen am Himmel hell und klar» (Matthias Claudius). Mond und Sterne stehen auch heute am nächtlichen Himmel. Vielleicht könnte man ja einmal zu einem nächtlichen Spaziergang aufbrechen, um an einem dunklen und ruhigen Ort die Weite des Kosmos mit dem Glanz seiner zahllosen Lichter zu genießen. Wenn man sich von dem himmlischen Leuchten der Sterne berühren lässt, ahnt man vielleicht, dass sich das Geheimnis des Weltalls in seiner grenzenlosen himmlischen Fülle in der eigenen Seele einen Spiegel sucht.

31. MÄRZ
wo wir Heimat haben

Eines Tages saßen drei Freundinnen zusammen und unterhielten sich darüber, was sie denn unter Heimat verstehen würden. «Unter Heimat verstehe ich den Ort, an dem ich geboren und aufgewachsen bin und die wesentlichen Prägungen für mein Leben bekommen habe», meinte die erste. «Heimat ist der Ort, an dem ich jetzt wohne und arbeite. Nicht umsonst sage ich, wenn ich aus dem Urlaub komme: ‹Jetzt geht es wieder nach Hause› und meine damit meine Wohnung in der Stadt, in der ich derzeit lebe.» Nachdenklich meinte die dritte: «Heimat ist für mich kein Ort, der irgendwo auf der Landkarte auszumachen ist. Heimat finde ich in den Herzen der Menschen, die mich akzeptieren, wie ich bin, die mich aufrichtig liebhaben und mir dadurch Geborgenheit und inneren Frieden schenken.»

APRIL
einfach den tag genießen

1. APRIL
In einen neuen Tag aufstehen

Wenn sich das erste Licht am Himmel zeigt und die Vögel ihr Morgenkonzert anstimmen, dann beruft uns das Leben dazu, in einen neuen Tag aufzustehen. Zahlreiche Stunden breiten sich erwartungsvoll vor uns aus, um von uns mit unserer Fantasie und unseren schöpferischen Einfällen gestaltet zu werden. Noch ist alles möglich, um die Zeit nicht totzuschlagen, sondern sie lebendig zu füllen. Jeder Tag ist ein einzigartiges, niemals wiederkehrendes Geschenk. Wir können kein Gestern wiederholen, auch wenn wir uns das manchmal wünschen. Aber aus dem heutigen Tag können wir etwas ganz Besonderes machen. ∞

2. APRIL
Das kann ja heiter werden

«Der Vogel, der am Morgen singt, den holt die Katz' zu Mittag», lautet eine bekannte Redensart und will damit wohl Ähnliches aussagen wie das Sprichwort: «Übermut tut selten gut.» Dabei ist es doch wunderschön, wenn man den Tag anstatt mit einem griesgrämigen Gesicht mit einem heiteren Lied auf den Lippen beginnen kann. Mancher Ärger lässt sich mit einem sonnigen Gemüt leichter ertragen als mit einer pessimistischen Lebenshaltung. Außerdem haben vergnügliche Melodien ansteckende Wirkung auf die Umgebung, denn nicht umsonst heißt es in einem alten Volkslied: «Wo man singt, da lass dich ruhig nieder, böse Menschen haben keine Lieder.» ∞

3. APRIL
Bleiben können bei dem, was ist

Wie oft eilen unsere Gedanken unserem gegenwärtigen Tun voraus. Da stehen wir am Morgen unter der Dusche, aber anstatt das warme Wasser auf unserer Haut zu genießen, sind wir in Gedanken schon beim Frühstück. Wenn wir schließlich am Esstisch sitzen und es auskosten könnten, in das frische Brötchen zu beißen und uns den duftenden heißen Kaffee dazu schmecken zu lassen, lenken wir uns mit der Morgenzeitung von diesem Genuss ab. Und meistens geht der ganze Tag so weiter. Schade eigentlich, dass wir die mögliche Freude an der Gegenwart auf Kosten der Zukunft verschenken.

4. APRIL
Entschleunigung des Lebens

Heute räume ich mir Zeit für einen Spaziergang ein. Ich gehe bewusst langsam. Unterwegs schaue ich mir die Vorgärten der Nachbarhäuser an. Im Park setze ich mich eine Weile auf eine Bank und beobachte die Enten und Schwäne auf dem Teich. Später verweile ich am Zaun einer Wiese, auf der Schafe mit ihren Lämmern grasen. Die unbeholfenen Sprünge der Jungtiere rühren mein Herz. Mein Rückweg führt mich an blühenden Apfelbäumen vorbei. Die weißen Blüten unter dem blauen Himmel lassen in mir die Freude über das angebrochene Frühjahr aufblühen. Wieder zu Hause, lasse ich die Bilder noch einmal an meinem inneren Auge vorüberziehen und bin glücklich über die Erfahrung von Beschaulichkeit.

5. APRIL
Das Leben verdrehen

Wir halten es für selbstverständlich, dass die Sonne uns tagsüber leuchtet und wärmt, dass die Blumen für uns blühen, die Vögel für uns singen und dass wir uns in klaren Nächten über den Sternenhimmel freuen dürfen. Oft nehmen wir die Herrlichkeit der Natur schon gar nicht mehr wahr. Dabei könnten wir so warmherzig leben, dass die Sonne sich an uns erfreut, so lebendig und vielfarbig in unserer Seele aufblühen, dass die Blumen sich bemühen müssen, nicht hinter uns zurückzubleiben. Wir könnten einmal fröhlich mit den Vögeln um die Wette singen und unserem Herzen von innen her eine solche Leuchtkraft schenken, dass die Sterne am Firmament vor Neid erblassen. Wie wundervoll könnte solch ein Leben sein. ∞

6. APRIL
«Verweile doch, du bist so schön»

Meistens ist unser Alltag mit einer Fülle von Aufgaben und Pflichten angefüllt, und wir sind froh, wenn wir damit «irgendwie durchkommen». Bis wir am Abend erschöpft und froh sind, dass wir auch diesen Tag wieder überstanden haben. Dabei sind wir nicht auf der Welt, um unser Leben Tag für Tag hinter uns zu bringen, bis uns der Tod ereilt. Vielleicht können wir uns im Alltag kleine Atempausen einbauen, die uns wenigstens für kurze Zeit unser Leben genießen lassen, damit wir wie Goethes Faust zum Augenblick sagen können: «Verweile doch, du bist so schön.» ∞

7. APRIL
Wenn liebe Grüße uns erreichen

Ein herzlicher Gruß von einem lieben Menschen tut einfach gut, ganz gleich, in welcher Form er uns erreicht. Das kann unterwegs im Vorübergehen ein freundliches Lächeln sein, vielleicht verbunden mit ein paar wohlmeinenden Worten, eine bunte Ansichtskarte aus der Fremde, ein netter Brief oder ein völlig überraschender Anruf. Ein solcher Gruß zeigt uns, dass jemand an uns gedacht hat und dass wir ihm ein Zeichen der Aufmerksamkeit und der Freundlichkeit wert sind. Solch ein Gruß mag uns vielleicht auch einen Anstoß geben, dem Tag selbst heiter zu begegnen und seine Gestaltung in die Hand zu nehmen.

8. APRIL
Reisefreiheit

Wer von einer Reise wieder nach Hause kommt, ist meistens angefüllt mit neuen Eindrücken, aufregenden Erfahrungen, spannenden Erlebnissen. Man hat interessante Menschen kennengelernt, in alten Fischerdörfern mit dem Blick auf das Meer zu Abend gegessen, Kirchen und Klöster in fremden Städten besichtigt oder ausgiebige Wanderungen unternommen. Die gelegentliche Betrachtung der Fotos und Filme daheim vergegenwärtigt die Freude und bewegt dazu, auf dem Sofa vom nächsten Sommer zu träumen und Pläne für den kommenden Urlaub zu schmieden. Was stehen uns doch für Möglichkeiten zur Verfügung, reisen zu können, wohin wir wollen, um fremde Länder zu erkunden. Was für ein herrliches Gefühl!

9. APRIL
Jetzt fängt das schöne Frühjahr an

Der Winter ist vorüber, Tulpen und Narzissen blühen um die Wette, das Leben ist in die Natur zurückgekehrt. Was wir in den Gärten freudig bestaunen dürfen, geschieht auch in der eigenen Seele. So manches von dem, was in uns erfroren zu sein schien, taut wieder auf und beginnt, sich auf wundersame Weise neu zu entfalten. Allen schmerzhaften Erfahrungen der Vergangenheit können wir trotzig entgegenrufen: «Ich lebe noch, und ich will mich mit Leib und Seele einlassen auf den Beginn des großen Blühens – auch in mir!»

10. APRIL
Arbeit kann auch Spaß machen

Nicht jede Arbeit ist Mühe, nicht jede Aufgabe Last. Es gibt viele Menschen, die an ihrem Beruf oder an ihren ehrenamtlichen Tätigkeiten viel Freude haben und die solche Herausforderungen brauchen, um lebendig zu sein. Die Gespräche mit Kolleginnen und Kollegen bewegen zu neuen Ideen, der Einsatz im sozialen Bereich beschenkt einen oftmals mit Dankbarkeit, viele Tätigkeiten vermitteln einem das Gefühl, sich mit etwas Sinnvollem befasst zu haben. Trotz manchem Ärger oder der ein oder anderen Enttäuschung, die es natürlich auch gibt, können sich solche Menschen abends mit dem Gefühl tiefer Befriedigung ins Bett legen, weil dieser Tag kein verlorener, sondern ein erfüllter Tag gewesen ist.

11. APRIL
Wenn man im Bett bleiben muss

Es fröstelt einen, man hustet und schnieft und spürt, dass einen eine Grippe erwischt hat. Man meldet sich telefonisch krank und zieht sich anschließend wieder die Decke über die Ohren. Wenn das Fieber nicht allzu hoch ist, lässt sich ja auch so ein Tag behaglich gestalten. Mit einer Kanne heißen Tees am Bett und einem schönen Buch kann man es sich gemütlich machen. Man muss nichts leisten, während man sich in die warmen Kissen kuschelt. Was der Seele gut tut, wirkt auf den Körper zurück: Die Geruhsamkeit, die man sich sonst oft nicht gönnt, unterstützt die Abwehrkräfte.

12. APRIL
Lust im Frust

Eine Gruppe von Kolleginnen und Kollegen klagte über die unendlich ermüdenden Sitzungen und Besprechungen, die ihnen den letzten Nerv raubten und ihnen so überflüssig erschienen. Da begann einer der Teilnehmer plötzlich laut aufzulachen. Alle anderen sahen erstaunt zu ihm hin. «Wenn ich in einer langweiligen Veranstaltung sitzen muss», meinte er, «überlege ich mir, ob dem nicht doch irgendetwas Schönes abzugewinnen ist. Dann freue ich mich über die Butterbrezel und den Kaffee auf dem Tisch und genieße wenigstens das.» «Das ist Lebenskunst», meinten die anderen verblüfft und beschlossen, sich von dieser «Brezel» eine Scheibe abzuschneiden und mit in ihren Alltag zu nehmen.

13. APRIL
Von den Sinnen zum Sinn

Genießen wir den heutigen Tag doch einmal mit allen Sinnen. Essen und trinken wir, was uns am besten schmeckt, seien es ein herrlich duftender Kaffee und ein Stück Kuchen, ein knackiger Salat und ein erfrischendes Mineralwasser oder Käse, Brot und Wein. Legen wir dazu unsere Lieblingsmusik auf und erfreuen wir uns an dem Ohrenschmaus. Vielleicht haben wir dabei einen schönen Ausblick auf einen Park, eine sonnige Landschaft oder unseren Garten. Je mehr unsere Sinne wohltuend angeregt werden, umso stärker verspüren wir auch das Gefühl von Sinn.

14. APRIL
Einem schönen Tag entgegenfiebern

Es gibt Tage, auf die wir uns schon wochenlang im Vorhinein freuen, zum Beispiel auf das Treffen mit einem lieben Menschen, den wir seit Ewigkeiten nicht mehr gesehen haben. Schon lange vor diesem Ereignis beschäftigt sich unsere Fantasie damit, was wir dem anderen alles erzählen und zeigen möchten. Ebenso gespannt sind wir darauf, ob der andere sich sichtbar verändert hat und wie es ihm wohl in den vergangenen Monaten oder Jahren ergangen sein mag. Mit innerer Spannung erwarten wir das Treffen. Was für ein Glück erfahren wir an solch einem Tag, wenn wir merken, dass wir uns nach langer Zeit noch etwas zu sagen haben und spüren dürfen, dass wir uns nicht nur sehen, sondern einander auch begegnen können.

15. APRIL
Ein Fenster zum Himmel entdecken

Manche Tage sind so düster, dass wir sehnlichst auf einen Lichtblick hoffen. Manchmal genügt ein erfreulicher Brief, ein überraschender Anruf von einem lieben Menschen oder ein anerkennendes Wort, um uns wieder ein Fenster zum Himmel zu öffnen. Hoffentlich sind wir auch in der Lage wahrzunehmen, dass sich die Wolken wenigstens an einer Stelle wieder verzogen haben, und können es genießen, dass die Sonne es nicht ganz aufgegeben hat, unser Herz zu wärmen. Vielleicht bekommen wir auch Lust, den freundlichen Gedanken, die uns erreicht haben, am Abend eine kleine Feier auszurichten, damit der Tag, der so dunkel begonnen hat, noch einen freundlichen Ausklang findet.

16. APRIL
Feuer und Flamme sein

Seit langem hat man sich vorgenommen, mit einem neuen Hobby zu beginnen. Endlich hat man Zeit dazu und die notwendigen Vorbereitungen getroffen, doch plötzlich ist man, angeregt durch den Freundeskreis, durch ein Gespräch oder eine Fernsehsendung von einer anderen Idee wie besessen. Dann darf man getrost die schon gekauften Materialien liegen lassen und sich den überraschenden kreativen Einfällen öffnen. Die Hauptsache ist doch, dass man immer wieder einmal für etwas Neues Feuer und Flamme ist. Und solche Begeisterung lässt sich eben nicht im Voraus planen, aber mit glühendem Herzen genießen.

17. APRIL
Den richtigen Blick finden

«Heute wird es noch Regen geben», sagte sie mit einem Blick zum Himmel, an dem sich gerade eine Wolke vor die Sonne schob. «Ich genieße im Augenblick den herrlichen Sommertag», erwiderte er. «Übrigens wächst im Staudenbeet eine Menge Unkraut», meinte sie. «Sieh doch nur, wie die Glockenblumen leuchten. Auch die Margeriten gehen schon auf», warf er begeistert ein. «Hast du übrigens schon gesehen, was für eine Fülle an Knospen unsere Rosen in diesem Jahr angesetzt haben? Das wird ein Blühen und eine Freude geben.» Sein Gesicht strahlte vor Freude. «Die Zweige werden so schwer werden, dass sie herunterbrechen», warf sie mit sorgenvollem Blick ein. ∞

18. APRIL
Sich daheim ein schönes Ambiente schaffen

Es ist uns zur Gewohnheit geworden, unsere Mahlzeiten im Stehen oder irgendwie zwischendurch einzunehmen. Schließlich sind wir vielbeschäftigte Menschen und müssen sehen, wie wir mit der uns zur Verfügung stehenden Zeit umgehen. Es wäre einen Versuch wert, uns trotz aller terminlichen Beanspruchung feste Zeiten vorzunehmen, in denen wir es uns für uns selbst schön machen. Wir könnten, wenigstens einmal in der Woche, ein schönes Essen in Ruhe vorbereiten, den Tisch hübsch decken und dazu Kerzen anzünden. Vielleicht macht es sogar Freude, an solch einem Abend einen lieben Menschen dazu einzuladen. ∞

19. April
Der Natur ihr Recht geben

Heute dem Wind sein Rauschen in den Blättern lassen und die erschauernde Faszination des Gewitters mit seinen sturmartigen Böen, mit Blitz, Donner und peitschendem Regen aus der gesicherten Position hinter den Fensterscheiben auskosten. Welch faszinierendes Schauspiel schenkt uns die Natur, wenn sie ihre unbändigen Kräfte entlässt. Was für eine Entspannung folgt, wenn sich der Sturm ausgetobt hat und sich die Wolken am Himmel wieder verziehen. Die Erschöpfung des Himmels spiegelt sich in unserer Seele wider: Auf jede Anstrengung folgt eine Phase der Ruhe, die uns wieder aufatmen und zum alltäglichen Leben zurückfinden lässt.

20. April
Sich entspannen können

Es gibt Menschen, die das ganze Jahr über ihrem Urlaub entgegenfiebern. Kaum aber hat die sehnsüchtig erwartete freie Zeit begonnen, so verfallen sie in Depressionen, weil ihnen der tägliche Arbeitsrhythmus fehlt und sie sich nicht mehr gehalten fühlen. Zu helfen scheint dann nur eine neu entwickelte Betriebsamkeit. So werden die Ferientage mit einem ausgeklügelten Freizeitprogramm gefüllt, das unablässig in Atem hält, bis der Alltag wieder beginnt. Vielleicht wäre es besser, die Symptome solcher düsteren Stimmung so lange auszuhalten, bis die Seele wirklich zur Ruhe kommt und gelöst in den Tag sinken darf wie in einen Liegestuhl am warmen Sandstrand.

21. APRIL
Der geschenkte Tag

Ich hatte über lange Zeit hin so viel zu tun, dass ich mich notgedrungen von allen privaten Vergnügungen und leider auch von meinem Freundeskreis zurückziehen musste. Eines Morgens, ich saß wieder am Computer, läutete es Sturm. Alle meine Freundinnen und Freunde standen vor der Tür und meinten, heute könne ich mich nicht entziehen. Ich solle mir etwas Sportliches anziehen und mein Fahrrad aus dem Keller holen, sie hätten eine Tour vorbereitet. Missmutig und mit schlechtem Gewissen meiner Arbeit gegenüber strampelte ich los. Doch je länger wir unterwegs waren, umso leichter wurde mir. Als ich abends im Bett lag, spürte ich, wie gut mir dieser Tag getan hatte. ∞

22. APRIL
Lob der Faulheit

Manchmal sind wir von den Aufgaben und Herausforderungen eines Tages so beansprucht, dass wir am Abend keine Kraft mehr haben. Da lacht uns nur noch das Sofa an, um uns gemütlich ausstrecken zu können und vor uns hinzudösen und «abzuschalten». Auch solche Zeiten, in denen wir nichts tun, nichts machen, nichts leisten müssen, haben ihr gutes Recht. Vielleicht mag uns ein fesselnder Fernsehfilm unterhalten, möglicherweise bekommen wir auch Lust darauf, ein Bad zu nehmen, damit wir in der Wärme des Wassers entspannen können. Was ist das für eine Wonne, wenn wir uns danach behaglich in unser Bett kuscheln können. ∞

23. APRIL
wenn der Tag «ins Wasser fällt»

Da hat man sich seit langem auf einen Feiertag gefreut, für den man sich einen besonders schönen Ausflug vorgenommen hat. Doch schon beim Aufwachen hört man, dass es draußen in Strömen gießt. Die Enttäuschung ist groß. Aber es wäre schade um die Zeit, wenn man sich den ganzen Tag seinem Ärger hingäbe. Mit etwas Flexibilität fällt einem sicher ein Ersatzprogramm ein: der Besuch eines Museums, einer Ausstellung, eines Konzerts oder Theaters. Oder man macht es sich zu Hause gemütlich und verwöhnt sich damit, dass man sich das Essen über einen Telefonservice ins Haus bringen lässt. So lässt sich auch ein verregneter Tag in vollen Zügen genießen.

24. APRIL
sich zerstreuen – oder sich sammeln

Mitunter haben wir einen so anstrengenden Tag hinter uns, dass wir das Bedürfnis haben, uns zu zerstreuen. Wir kommen für eine Weile auf andere Gedanken, die uns von den Beschwernissen der vergangenen Stunden ablenken. Eine andere Entspannungsmöglichkeit ist, anstelle uns zu zerstreuen, uns zu sammeln. Uns an die besonders belastenden oder ärgerlichen Augenblicke noch einmal zu erinnern, das ein oder andere Gespräch wieder lebendig werden zu lassen, um uns zu fragen, wie wir an den Erfahrungen von heute morgen anknüpfen können. Nach und nach wird es uns möglich, uns vom Tag zu verabschieden und mit ruhigem Herzen in den Schlaf zu versinken.

25. APRIL
Die Kunst der Klänge

«Mit Musik geht alles besser», besagt ein Sprichwort. Musik kann uns in unserem Wohlbefinden stark beeinflussen. Diese Erfahrung haben sich die Werbepsychologen zu eigen gemacht und berieseln uns entsprechend in jedem Kaufhaus und Supermarkt mit leisen Klängen, die unser Kaufverhalten anregen sollen. Auch zu Hause schalten wir gelegentlich das Radio ein, um im Hintergrund eine angenehme Geräuschkulisse zu haben.
Vielleicht sollten wir uns einmal am Tag eine Lieblings-CD auflegen und uns dabei ganz auf die Musik konzentrieren. Was für ein Kunstwerk dringt da an unser Ohr, welch eine Leistung des Komponisten, Gesangs- und Orchesterstimmen so harmonievoll zueinander zu fügen, dass wir uns dabei entspannen und mit Leib und Seele wohlfühlen können.

26. APRIL
Jeden Tag ein wenig Hoch-Zeit feiern

«Für den schönsten Tag des Lebens», so lautet die Werbung eines Modehauses für Brautkleider. Natürlich ist die Hochzeit ein Höhepunkt im Leben zweier Menschen, die sich vor einem Kreis lieber Freunde und Verwandter das Jawort geben.
Aber es wäre schade, wenn nur ein Tag aus allen anderen besonders hervorragen würde. Vielleicht sollten wir uns überlegen, ob wir uns nicht gelegentlich weitere Hoch-Zeiten in unserem Leben ermöglichen können, Tage, die sich von dem grauen alltäglichen Einerlei durch besondere Farbigkeit und Fröhlichkeit abheben.

Noch schöner wäre es, wir würden uns an jedem Tag eine kleine Hoch-Zeit gönnen: Wenigstens eine Stunde, die wir mit dem füllen, was uns besonders viel Freude macht und uns ganz bei uns selbst sein lässt. ∞

27. APRIL
sich selbst eine stärkung verschreiben

Vieles haben wir in der letzten Zeit leisten müssen. Bisweilen ging die Arbeit bis an die Grenze unserer Kräfte und wir hatten das Gefühl, dass wir uns bis zuletzt verausgabt haben. Deshalb ist jetzt die Zeit gekommen, in der wir wieder etwas «einnehmen», müssen. Wir verwenden diesen Ausdruck im Allgemeinen dann, wenn wir krank sind und uns eine Medizin verschrieben worden ist, die wir in Form von Tabletten oder Tropfen zu schlucken haben. Das, was wir jetzt, in der Zeit unserer Erschöpfung, benötigen, ist auch ein Heilmittel, etwas, das uns stärkt, um wieder zu Kräften zu kommen. Wir selbst können darüber am besten entscheiden: brauchen wir viel frische Luft, eine Portion Abwechslung, ausgedehnten Schlaf, unser Lieblingsgericht, einen Wellness-Tag, einen Liebesfilm oder einen Zirkusbesuch? Oder ist das nur eine Frage der Reihenfolge? ∞

28. APRIL
sich einen «Tapetenwechsel» gönnen

So schön, wie es daheim ist, so gut tut es bisweilen auch, das «traute Heim» zu verlassen und einen ganztägigen Ausflug zu unternehmen. Es ist nahezu gleichgültig, ob das eine Wanderung durch die Natur, die Besichtigung einer anderen Stadt oder der Besuch bei lieben Bekannten in einem anderen Ort ist. Wesentlich ist der Abstand, den man dadurch zu den Dingen bekommt, die einen daheim gefangen nehmen. Die bunten Bilder und Eindrücke, die wir unterwegs gewinnen, vermitteln uns neue Perspektiven und Impulse und darüber hinaus oftmals das Geschenk, von dem Erlebten noch lange Zeit zehren zu können.

29. APRIL
Träume der Nacht

«Weißt du, wie viel Sternlein stehen, an dem hohen Himmelszelt?» Wie viele Sterne nun wirklich am Himmel stehen, können uns nicht einmal die Astronomen genau sagen. Aber darauf kommt es auch nicht an. Umso mehr mögen uns diese Worte dazu ermutigen, einmal wieder in Ruhe den sternenreichen Nachthimmel zu betrachten. Wie viele Lichter leuchten uns, um die Dunkelheit zu erhellen und uns zum Träumen einzuladen. Vielleicht gibt es einen Stern, der in dieser Nacht nur für uns am Himmel steht oder einige Sternschnuppen, die uns ermutigen wollen, unseren sehnlichsten Wunsch gerade in diesem Augenblick zum Himmel aufsteigen zu lassen.

30. APRIL
Den Augenblick auskosten

«Kannst du nicht aufpassen», murrte die dicke alte Schildkröte, als sie das Kitzeln einer Fliege an ihrer Zunge spürte. «Ich habe gerade tief und fest geschlafen. «Ich begreife nicht, wie man sein ganzes Leben verschlafen kann», summte die Fliege. «Was soll das heißen», brummte die Schildkröte. «Ich habe jetzt gerade einmal vierundzwanzig Stunden lang geruht, was ist das schon bei den dreihundert Jahren, die ich auf dem Panzer habe?» «Mein ganzes Leben besteht nur aus so vielen Stunden, wie du jetzt gerade verschlafen hast», erwiderte die Eintagsfliege. «Du Ärmste», brummte die Schildkröte. «Du brauchst mich nicht zu bedauern», erwiderte die Fliege. «Im Gegensatz zu dir verstehe ich nämlich jeden Augenblick dieses einen Tages zu genießen und für mich zu nutzen.» Sprach's und erhob sich leicht mit ihren Flügeln in die Richtung eines saftigen Marmeladenbrotes.

MAI
einfach aus liebe

1. MAI
«Ich liebe dich»

«Ich liebe dich» ist wohl das Schönste, was ein Mensch zu einem anderen sagen kann, gibt er ihm doch damit zu erkennen, dass ihm niemand auf der Welt wichtiger ist. «Ich liebe dich», das heißt ja zugleich: Du brauchst dich vor nichts in der Welt zu fürchten; ich bin bei dir. Ich will mein Leben wirklich mit dir teilen. Ich will dich an meinen Gedanken teilhaben lassen und an meinen Gefühlen. Und ich will, komme was wolle, zu dir halten. Ich will dich auch in deinen Ängsten begleiten und lernen, dich zu ertragen in dem, was mir fremd ist an dir. Zusammen können wir uns ein Stück vom Himmel erobern.

2. MAI
Liebe ist ein Geschenk

Liebe ist immer ein Geschenk. Man kann noch so lange um eines Menschen Gunst werben, noch so viel für ihn tun, ob die eigenen Gefühle erwidert werden, gehört zu dem, was nicht machbar ist in dieser Welt. Wenn einem aber das Geschenk der Liebe zuteil wird, dann obliegt es einem zugleich, damit ebenso behutsam umzugehen, wie mit dem Geschenk des eigenen Lebens. Denn die Liebe eines anderen Menschen kann man sich nicht als Besitz gleichsam unter das Kopfkissen legen, um sich darauf auszuruhen in der Meinung: «Nun habe ich ihn ja.» Das Geschenk der Liebe will behutsam gepflegt werden wie eine Pflanze, damit es blühen, wachsen und Frucht bringen und darin lebendig bleiben kann.

3. MAI
von Luft und Liebe leben

«Sie lebten nur von Luft und Liebe» ist eine Redensart. Wer liebt, der braucht nur noch die Luft zum Atmen. Natürlich wissen wir vom Verstand her, dass wir, trotz aller Liebe, essen und trinken müssen. Dennoch ist an diesem Sprichwort etwas Wahres dran: Wir können im materiellen Bereich im Überfluss leben, aber ohne die Luft zum Atmen und ohne die Erfahrung von Liebe in unserem Leben können wir nicht existieren. Diese Liebe beginnt bei der Mutter zu ihrem Baby und setzt sich durch unser ganzes Leben hindurch fort. Geliebt zu werden und zu lieben ist die Kraft, die unser Leben erst lebenswert macht.

4. MAI
verliebt sein – oder lieben

Wenn wir verliebt sind, hängt der Himmel für uns voller Geigen. Dann gehen wir auf rosa Wolken und haben Schmetterlinge im Bauch. Viele Menschen verwechseln diese Gefühle der Anfangszeit mit der Liebe. Und sie meinen, wenn dieser erste Rausch der Gefühle abgeklungen ist, dann sei auch die Liebe verloren. Dabei fängt die wahre Liebe dann eigentlich erst an: den anderen auch in den Seiten annehmen zu lernen, in denen er unserem eigenen Wesen widerspricht. Aber die Mühe lohnt sich, weil sich durch die Auseinandersetzung mit dem, was uns an dem Partner fremd ist, die eigene Seele weitet und uns auf dem Weg zu unserer Selbstwerdung Schritt um Schritt voranbringt.

5. MAI
Das Herz weitet sich

Wer einen anderen Menschen liebt, der möchte am liebsten die ganze Welt umarmen. Das Herz läuft ihm über vor Freude und Glück, und die Augen sehen alles, was bisher grau erschien, in einem farbigen Glanz. Wer liebt, fühlt sich wie verwandelt, sein Herz wird weit und gütig – auch für die Menschen, mit denen er zu tun hat. Er ist geduldiger mit sich und den anderen. Alles geht leichter, weil die Liebe ihm im Inneren Flügel wachsen lässt. Manchmal denke ich: Liebende sind wie Engel, sie ahnen im Licht ihrer Liebe etwas von der schwebenden Leichtigkeit und dem Glanz einer heilvollen und gesegneten Welt.

6. MAI
Sich nicht selbst aufgeben

Es gibt Menschen, die verwechseln Liebe mit Selbstaufgabe. Wenn ich den Partner, meine Kinder liebe, dann will ich doch auch alles für sie tun, damit sie glücklich sind und bleiben. Das ist gut nachvollziehbar, solange sich der Liebende dabei nicht dauerhaft von den eigenen Bedürfnissen absieht oder, was noch schlimmer ist, Teile seiner eigenen Persönlichkeit opfert. Denn was bleibt an einem selbst noch attraktiv und liebenswert, wenn man sich in seinem eigenen Wesen ständig reduziert? Wahrhafte Liebe kann, bei aller Hingabe, auch Grenzen setzen und sich dadurch schützen, ausgenutzt zu werden. Und zugleich bleiben die Beziehungen in positivem Sinne spannend und dadurch auch lebendig.

7. Mai
Die Menschenwürde bewahren

«Man kann ohne Liebe: Holz hacken, Ziegel formen, Eisen schmieden. Aber man kann nicht ohne Liebe mit Menschen umgehen», hat Leo Tolstoi einmal gesagt. Das gilt für den Umgang in der Familie und mit Freunden, aber auch für die Menschen, mit denen wir beruflich zu tun haben. Eine Lehrerin, eine Krankenschwester oder ein Altenbetreuer brauchen viel Geduld und Verständnis für die Menschen, die ihnen anvertraut sind. Die notwendige menschliche Wärme endet nicht mit dem Läutezeichen und lässt sich nicht nach den Minutenlisten offizieller Pflegezeiten abrechnen. Ein einfühlsames Herz findet Zeit und Verständnis für den anderen, es nimmt an dessen Ergehen lebendigen Anteil und entwickelt ein zartes Gespür für das Not-wendige, damit die Menschenwürde bewahrt bleibt.

8. Mai
Zu seinem Wort stehen

Wie wichtig ist es, von dem Partner zu hören, dass er einen wirklich liebt! Ebenso bedeutsam ist es, ihm das Gleiche von ganzem Herzen sagen zu können. Bei der Hochzeit genügt ein einziges Wort, das Wörtchen «Ja», um sich für das ganze Leben an den geliebten Menschen zu binden. Dieses «Ja» birgt ein Versprechen, es ist bei der kirchlichen Trauung sogar ein Gelöbnis vor Gott, mit dem man vor der Gemeinde bekräftigt, dass man in guten wie in schlechten Zeiten zu seinem Partner halten wird.

9. MAI
Treu sein

Wer einen anderen Menschen liebt, der verspricht ihm Treue. Dabei wird unter Treue in unserer Gesellschaft im Allgemeinen die Ausschließlichkeit im sexuellen Bereich verstanden. Aber Treue meint im Grunde viel mehr: Es gehört auch zur Treue, für den anderen da zu sein und zu sorgen, wenn es ihm schlecht geht und Sexualität vielleicht auch längere Zeit nicht lebbar ist. Treue hängt auch mit Vertrauen zusammen: Ich vertraue dir, dass du mit deinem Leben, auch gerade, was die Beziehung betrifft, verantwortungsvoll umgehst und verlässlich bist.
Auch das Zutrauen gehört mit zur Treue: Ich traue dir zu, dass du dich in meiner Nähe zu dem Menschen entwickeln kannst, der in dir angelegt ist. ∞

10. MAI
Und er schuf sie nach seinem Bilde

Die meisten kennen wohl das nach dem Roman «Pygmalion» von George Bernard Shaw geschriebene Musical «My Fair Lady», in dem der Sprachforscher Mr. Higgins aus dem Blumenmädchen Elisa unter großen Anstrengungen eine Dame machen will, die sich in der «höheren Gesellschaft» bewegen kann. Sein Vorhaben gelingt ihm – sie lernt so zu sprechen, wie er es ihr antrainiert hat.
Eine solche Beziehungsfantasie, den Partner nach den eigenen Vorstellungen und Wünsche formen zu wollen, sich selbst also als Schöpfer wahrzunehmen, der sein «Geschöpf» nach eigenen Wünschen «modelliert», kommt nicht selten vor. Wenn ein Mensch in solch einem Erziehungsprozess zum Objekt de-

gradiert wird, wenn er anders werden soll als es seinem Wesen entspricht, wird er sich entweder diesem Machtgefüge einordnen und auf Dauer dabei seine Individualität verlieren – oder aber er schafft es, sich aus der Abhängigkeit von seinem Partner zu befreien, seine Persönlichkeit zu stärken und sein Leben fortan selbstbestimmt zu gestalten.

11. MAI
Liebe ist mehr als ein Wort

Viele Menschen leben allein, manche von ihnen leiden unter ihrem «Single-Dasein». Gefühle von Liebe sind aber nicht nur für eine Partnerschaft reserviert. Eine allein lebende junge Lehrerin für Schwerstbehinderte erzählte von ihrer tiefen Zuneigung zu «ihren Kindern», für deren Förderung minimaler Entwicklungsschritte sie sich mit all ihrer Fantasie und Kraft, ihrem Fachwissen und eben ihrer Liebe zu jedem Einzelnen mit ganzem Herzen engagiert. Kleine, zärtliche Gesten der Kinder zeigen ihr Dankbarkeit und erfüllen sie mit tiefer Freude. Die verschenkte Liebe kehrt auf beglückende Weise zu ihr zurück.

12. MAI
sich selbst schenken können

Wer liebt, der sagt oftmals zu dem anderen: «Ich schenke dir mein ganzes Herz.» Er will damit sagen, dass er sich dem anderen mit Leib und Seele anvertraut, dass aber auch der andere sich ganz und gar auf ihn verlassen kann. Aber darüber hinaus ersinnt er zugleich, was er dem anderen sonst schenken, womit er ihn wirklich glücklich machen kann. Denn wer wirklich liebt, fragt nicht nach dem, was er bekommt und womöglich noch, ob es auch genug ist, sondern nach dem, was dem anderen guttut. Das ist manchmal vielleicht ein offenes Ohr, mit dem er teilnimmt an den Sorgen des anderen, oder ein Mund voller verständnisvoller und zärtlicher Worte.

13. MAI
«Ich habe dich zum Fressen gern»

«Ich habe dich zum Fressen gern.» Stellen wir uns diese Redensart einmal bildlich vor. Da verleiben wir uns den anderen ein, mit Haut und Haaren. Da bleibt nichts mehr übrig von dem, den wir lieben. Der wahrhaft Liebende würde vielleicht besser sagen: «Ich will dich nicht fressen, ich möchte vielmehr, dass du in unserer Beziehung ganz du selbst bleiben kannst, innerlich wie äußerlich. Du sollst mir ein Gegenüber sein, mit dem ich mich im guten Sinne auseinandersetzen kann, das mich, wenn es notwendig ist, auch kritisiert und mich mit einer eigenen und selbstständigen Meinung unterstützt und berät.»

14. MAI
verrückt sein dürfen

Eine junge Frau sagte einmal: «Wenn man verliebt ist, dann ist man ja irgendwie ein wenig verrückt.» Eine erfrischend wahre Aussage. Was lassen sich Verliebte nicht alles einfallen, um dem anderen zu imponieren. Da wird nachts im Park heimlich ein Blumenstrauß für die Liebste gepflückt, da gibt es in Zeitungen die witzigsten Annoncen mit Liebeserklärungen, da feiert man die Nächte durch, um nur jede Minute der Nähe des geliebten Menschen auszukosten, auch wenn man am kommenden Morgen mit Ringen unter den Augen in die Schule oder zur Arbeit gehen muss. Wohl dem, der solche himmlischen Zeiten voll auszukosten vermag. ∞

15. MAI
Das Risiko wagen

Wer liebt, bleibt nicht allein daheim im stillen Kämmerlein sitzen, sondern ist bereit, etwas zu riskieren. Da folgt eine junge Frau ihrem Partner ins Ausland, ohne die dortige Sprache zu sprechen und ohne auch sonst zu wissen, was in der Fremde dauerhaft auf sie zukommen wird. Da startet eine verzweifelte Mutter über die Medien einen Aufruf für eine Knochenmarkspende, ohne die ihr Kind keine Überlebenschancen hat. Liebe macht selbstlos und mutig. Liebe setzt Kräfte und Fantasien frei, um in der Nähe des geliebten Menschen sein zu können oder, im Extremfall, alle zur Verfügung stehenden Möglichkeiten auszuschöpfen, um dessen Leben zu retten. ∞

16. MAI
Liebesbriefe sind unersetzbar

Wenn Partner heutzutage für eine Weile getrennt sind, wird schnell zum Handy gegriffen, um einander mitzuteilen, was man erlebt hat und sich gegenseitig, vor allem in den ersten, leidenschaftlichen Monaten der Beziehung, seine Liebe und seine Sehnsucht nach dem anderen zu versichern. Das ist auch gut so. Noch schöner aber wäre es vielleicht, sich gelegentlich der alten Sitte zu bedienen, dem anderen – mit der Hand – einen Liebesbrief zu schreiben. Dabei will die Poesie des eigenen Herzens wachgerufen werden, denn beim schriftlichen Formulieren eines Textes muss man sich ja jedes Wort viel genauer überlegen, als wenn man es in flüchtiger Form am Telefon sagt. Und der Empfänger kann den Brief den ganzen Tag mit sich herum tragen, ihn dann und wann in stillen Augenblicken entfalten und sich auch vor dem Schlafengehen noch einmal an den zärtlichen Gedanken des geliebten Menschen wärmen. ⌬

17. MAI
Wenn man den geliebten Partner an den Tod verliert

«Ich will das, was in der Liebe zu meinem Mann lebendig geworden ist, das, was wir gemeinsam als Wesentliches für unsere Beziehung entdeckt und gestaltet haben, weiterleben. So wird er in dem, was seine Person ausgemacht hat, in mir und durch mich hindurch lebendig bleiben», sagte eine Frau nach dem plötzlichen Unfalltod ihres Mannes.

Das weiterzuleben, was die Liebe zu einem anderen Menschen in einem selbst lebendig gemacht hat, ist die größte Ehre, die wir dem Verstorbenen zuteil werden lassen können. Der Weg dahin ist allerdings schmerzvoll, weil die Erinnerung an den geliebten Menschen ständig präsent ist. Zugleich verwandelt dieser Weg: er weitet die Seele zur eigenen Ganzheitlichkeit, von der der Partner ein Teil ist, so dass einem am Ende von innen her auch Trost über den Verlust zuwächst.

18. MAI
Liebe hat heilende Kraft

Es gibt ja kein Leben, das ohne Verletzungen bleibt. So manche Wunden, die in der Kindheit und Jugend oder auch in vergangenen Beziehungen entstanden sind, können durch die Kraft der Liebe abklingen und sogar ganz heilen: durch das Verständnis, das ein Mensch für einen anderen aufbringt, durch sein aufmerksames Zuhören und Teilnehmen am Schmerz des anderen, durch seine ungeteilte Zuwendung, durch Gespräche, aber auch durch zärtliche Berührungen, die sich ganz auf den anderen einstimmen, durch die gleichsam über die Haut die Seele gestreichelt wird. Wer sich so angenommen weiß, kann sich dem Leben wieder voller Zuversicht öffnen.

19. MAI
vergeben können

Je näher man einem Menschen kommt, umso mehr lernt man auch die verletzlichen Seiten voneinander kennen. Und je tiefer die Liebe ist, umso schmerzvoller sind dann auch die Wunden, die man sich gegenseitig zufügt. Mancherlei ist vielleicht unverzeihlich, und man wird sich zu einer Trennung entschließen oder ein Leben lang darunter leiden. Andererseits birgt die Liebe in ihrem geweiteten Herzen auch die Fähigkeit in sich, zu verzeihen, wenn es irgend möglich ist. Die Erinnerungen an kränkende Erfahrungen werden bleiben, denn mit der Vergebung geht keinesfalls ein Vergessen einher. Doch die gemeinsame Bewältigung einer Krise kann beide Partner noch näher zueinander finden lassen. ∽

20. MAI
Zeit für die Liebe

Es gehört fast schon zu unserem Leben dazu, zu sagen, dass wir keine Zeit haben. Jeder hat genug mit sich selbst zu tun. Der liebende Mensch hingegen hat Zeit. Er hat Zeit für den Partner, um das Zusammensein mit ihm zu genießen. Aber er hat auch Zeit für die Menschen oder Dinge, die neben dem Partner in seinem Herzen Raum haben. Er findet Zeit für ein hilfreiches Gespräch, er kriegt es irgendwie hin, einen wichtigen Besuch nicht länger aufzuschieben oder sich für die Menschen zu engagieren, die sich benachteiligt und ungeliebt fühlen. ∽

21. MAI
Freundschaften beleben die Liebe

So manches frisch verliebte Paar meint im Rausch der Verliebtheitsgefühle, dass sie einander für den Rest ihres Lebens genug sein würden. Natürlich sucht man anfangs ganz intensiv nach der Nähe des Partners und ist glücklich, wenn man «allein zu zweit» ist. Wie oft aber werden darüber bisherige Freundschaftsbeziehungen stark eingeschränkt oder ganz aufgegeben. Doch auch der beste Partner kann nicht alle Interessen und Neigungen der eigenen Person teilen. Wir brauchen neben der wundervollsten Liebesbeziehung auch unsere Freundschaften zu anderen Menschen. Solche Anregungen «von außen» wirken sich im Allgemeinen dann auch belebend auf die Partnerschaftsbeziehung aus.

22. MAI
Liebe kennt keine Grenzen

Ein Mensch, der ein Herz voller Liebe hat, kann diese Liebe nicht nur auf einen einzelnen Menschen beziehen. Er ist für seine Freundinnen und Freunde da, wenn sie ihn brauchen, aber darüber hinaus ist er zugleich sensibel für die Leiden anderer Menschen oder der nichtmenschlichen Kreatur. Der liebende Mensch versucht, mit den Möglichkeiten und Kräften, die ihm zur Verfügung stehen, und in dem Rahmen, in dem es ihm möglich ist, diese Welt mit seiner Liebe anzustecken. Sich auch für die Menschen zu engagieren, die nicht mehr weiter wissen, damit sie erfahren dürfen, dass auch ihr Leben eine Zukunft hat.

23. MAI
streiten lernen

Es gibt viele Menschen, die meinen, dass Streit in der Liebe keinen Platz habe. Sie fürchten, dass sie den anderen verlieren würden, wenn sie ihm einmal die Dinge sagen würden, die sie an ihm stören. Aber verdrängte Probleme werden sich eines Tages rächen. Dann gibt es irgendwann den berühmten «Knall», der nun wirklich Unheil anrichten kann, weil alles «hochkommt», was lange Zeit nicht zur Sprache kommen durfte. Dabei können eine freundlich hervorgebrachte Kritik und ein offenes Gespräch zur rechten Zeit manche Enttäuschung verhindern und die Beziehung «mit frischem Wind» lebendig erhalten. ∾

24. MAI
erwartungsvoll leben

Jeder von uns kann sich vermutlich noch an seine erste Liebe erinnern und damit zugleich an die gespannte Erwartung, die damit verbunden war: Was ziehe ich an, sehe ich gut aus, werde ich so gefallen? Und dann der hundertfache Blick auf die Uhr, die Qual der sich zäh dahin ziehenden Stunden, bis der entscheidende und mit Herzklopfen erwartete Augenblick des Rendezvous endlich gekommen war. Ein Mensch, in dessen Herzen die Liebe zur Lebenshaltung geworden ist, wird sich etwas von dieser jugendlichen Aufregung um die erste Liebe bewahren. Er kann allem, was auf ihn zukommt, mit positiver Spannung und Neugier entgegensehen. Jeder neue Tag birgt für ihn einen Hauch von Abenteuer in sich. ∾

25. MAI
Gelegentlich «Abstand halten»

Da war einmal ein junges Paar, das «ein Herz und eine Seele» war, wie man zu sagen pflegt. Alle Unternehmungen wurden gemeinsam geplant und gemacht. Viele beneideten dieses junge Glück um diese vermeintlich so große Liebe und waren zutiefst erschrocken, als die beiden sich nach wenigen Jahren trennten. «Diesen Fehler werde ich nicht noch einmal machen», sagte die junge Frau später. «Jeder braucht Zeit und Raum für sich selbst. Man braucht immer einmal wieder Phasen der Distanz zum Partner, um sich dann auch wieder mit neuer Lebendigkeit begegnen zu können.»

26. MAI
Gehört Eifersucht zur Liebe?

«Eifersucht ist eine Leidenschaft, die mit Eifer sucht, was Leiden schafft», so lautet eine allgemein bekannte Redensart. Es gibt wohl zweierlei Arten von Eifersucht. Die so genannte «normale» Eifersucht, die zum Ausdruck bringt, dass man Angst hat, den geliebten Menschen zu verlieren und die deshalb zu einem wachsamen und einem besonders liebevollen Umgang mit ihm bewegt. Auf der anderen Seite kann Eifersucht aber auch Ausdruck einer krankhaften Verlustangst sein, die sich darin zeigt, dass sie dem Partner die Luft zum Atmen nimmt. Jeder Umgang des Partners mit anderen Menschen wird dann aufs strengste kontrolliert und bewirkt genau das, was verhindert werden soll: die Trennung, weil kein Mensch dauerhaftes Misstrauen ertragen kann.

27. Mai
Allein aus Lust und Liebe

Liebe weckt Lust: Lust zu Zärtlichkeit, zum Streicheln, Kuscheln und Schmusen, Lust auch an Sexualität und damit zur liebevollen Verschmelzung mit dem Partner. Aber auch über diesen intimen Bereich hinaus macht Liebe Lust: Vielleicht darauf, sich in einem gemeinsamen Kind fortzupflanzen und eine Familie zu gründen oder gemeinsam miteinander ein ganz neues Ziel anzusteuern. Das kann eine miteinander geplante Reise in ein bislang beiden noch unbekanntes Land sein, daheim die Freude an einem neuen Hobby oder an einer anderen gemeinsamen Aufgabe, in der man aus der alleinigen Bezogenheit aufeinander heraustritt und sich auch für andere Menschen engagiert. Auch darin kann sich Liebe fruchtbar entfalten. ∾

28. Mai
Alter schützt vor Liebe nicht

Junge Leute reagieren auf die Frage, ob sie sich vorstellen könnten, dass ihre gegebenenfalls verwitweten Großeltern noch einmal eine neue Liebe finden könnten, sehr unterschiedlich. Offensichtlich halten viele Menschen die Liebe für ein Privileg der Jugend. Dabei sind weder Verliebtheit noch Liebe eine Frage des Alters. Manchmal finden allein oder getrennt lebende Menschen in späten Jahren zu ihrer Jugendliebe zurück. Vielleicht gewinnt die Liebe, auch in ihrer erotischen und zärtlichen Form, gerade im letzten Lebensabschnitt unter der bedrängenden Frage, wieviel Zeit denn überhaupt noch zum Leben bleibt, an Intensität und Tiefe, wie sie in jungen Jahren überhaupt nicht erfahrbar sein kann. ∾

29. MAI
wenn Gedichte zu sprechen beginnen

Eine ältere Dame erzählte, dass sie daheim auf dem Sekretär einen Band mit Liebesgedichten liegen hätten, die sie und ihren Mann sehr ansprechen würden. Wenn sie dem anderen etwas über ihre Befindlichkeit in der Beziehung mitteilen wollten, dann schlügen sie am Abend den Text auf, der ihre gegenwärtige Stimmungslage zum Ausdruck brächte, damit der andere ihn am Morgen zu Gesicht bekäme. Auf diese Weise kommunizierten sie ihre Gefühle, ihre Wünsche wie ihre Enttäuschungen, ihre Ängste wie auch ihre Erwartungen. Diese stille Verständigung hatte sie einander immer wieder näher gebracht.

30. MAI
verantwortung tragen

«Du bist für das verantwortlich, was du dir vertraut gemacht hast», lässt Antoine de Saint-Exupéry den Fuchs zu dem kleinen Prinzen sagen. Er meint damit, dass man ein wachsames Auge auf den anderen haben soll. Nicht einen ständig kontrollierenden Blick, ob der andere gefälligst auch alles so macht, wie man es selbst gern hätte, sondern ein Auge der Liebe, das hilfreich darauf Acht gibt, ob der andere sich vielleicht in Gefahr begibt. Und ein Herz, das aufmerksam ist dafür, dass sich der andere ganz zu dem Menschen entfalten kann, der in ihm angelegt ist. Vielleicht bedarf es dazu bisweilen auch eines ermunternden Wortes: «Probiere, ob dir dieses oder jenes gelingt. Ich will dich mit allen Kräften dabei unterstützen.»

31. MAI
Engel mit einem Flügel

Der Dichter Luciano de Crescenco hat den schönen Satz geprägt: «Menschen sind Engel mit nur einem Flügel. Wenn sie fliegen wollen, müssen sie sich umarmen.» Was für ein wundervoller Gedanke: das Vertrauen zueinander, die Umarmung unserer Körper, die Verbundenheit unserer Seelen, die Nähe unserer Herzen lassen uns leicht werden. Im Miteinander können wir zart sein, vermögen wir dem Wesentlichen auf den zu Grund gehen und die spirituelle Tiefe unseres Dasein wahrnehmen. Da öffnet sich uns der Himmel in uns selbst in einer neuen Dimension zu einer gleichermaßen geweiteten und vertieften Sicht unseres Lebens, aus der heraus uns die Erfahrung von Sinn immer wieder aufs neue zuströmt. ∾

JUNI
einfach die seele baumeln lassen

1. JUNI
«Abschalten» will gelernt sein

Den ganzen Tag über freuen wir uns auf den Feierabend, die ganze Woche auf das Wochenende, damit wir uns von all den Anstrengungen endlich ausruhen und genussvoll der freien Zeit und dem Nichtstun hingeben können. Aber manchmal sind wir innerlich so angespannt, dass wir gar nicht abschalten und zur Ruhe kommen können. Da geht uns noch der verflossene Tag mit all seinen Terminen durch den Kopf, während sich zugleich schon die Sorgen vor morgen einschleichen. Vielleicht müssen wir es tatsächlich immer wieder neu üben, das Joch der Arbeit abzuwerfen, damit wir innerlich frei werden, um unsere «Seele baumeln lassen» zu können. ∞

2. JUNI
In aller Beunruhigung zur Ruhe kommen

Manchmal dauert es eine Weile, bis wir still werden können. Zu viele Stimmen haben wir gehört, zu viele Meinungen zur Kenntnis nehmen müssen. Die Nachrichten in den Medien verschonen uns auch heute nicht mit Schreckensmeldungen. Wieder gab es Tote und Verletzte. Wir spüren unsere Hilflosigkeit. Und eben diese Hilflosigkeit macht uns aggressiv. Oder können wir doch etwas tun, ist es uns möglich, auf irgendeine Art und Weise helfen? Gab es auch erfreuliche Nachrichten, haben wir an dem verflossenen Tag auch Schönes erlebt? Wir konzentrieren uns auf jedes gute Wort, auf jeden freundlichen Gedanken, auf jedes zärtliche Bild, das wir wahrgenommen haben. Der Druck auf unserer Seele beginnt sich langsam aufzulösen, um neuer Gelassenheit Raum zu schenken. ∞

3. JUNI
Brich auf und fange neu an

Wer sagt uns denn, dass wir bleiben müssen, wo wir sind? Immer wieder hört man, vornehmlich von jungen Menschen, dass sie mit ihrem Beruf unzufrieden sind und sich an ihrem Arbeitsplatz mehr als unwohl fühlen. Da quälen sich einige von Tag und zu Tag und werden noch in der Nacht von Albträumen heimgesucht. Wie soll die Seele in solch bedrückendem Alltagsleben jemals «baumeln» können? Da hilft nur eine klare Veränderung der äußeren Lebenssituation, um wieder zur Ruhe zu kommen und nicht auch noch körperlich krank zu werden. Denn nur dann, wenn man sich in seinen alltäglichen Verpflichtungen wenigstens einigermaßen wohlfühlt, kann man abends den Tag loslassen und befreit aufatmen.

4. JUNI
Manchmal macht eine «kleine Sünde» Spaß

In unserer Gesellschaft gilt Schlanksein als schön. Viele Menschen, vor allem Frauen, verfolgen dieses Ideal mit unerbittlicher Härte gegen sich selbst. Eine Diät jagt die andere. Rohkost hält nicht lange vor; aber das nach dem Verzehr eines Salates bald wieder einsetzende Hungergefühl wird tapfer unterdrückt. Vielleicht sollte man von Zeit zu Zeit den Kalorienzähler im Gehirn ausschalten und sich mit gutem Gewissen das gönnen, worauf man Appetit oder, nach all dem Verzichten und Fasten, sogar Heißhunger hat. Ein lecker angerichtetes Essen daheim oder in einem gemütlichen Restaurant und die damit verbundene Lust am Verspeisen der Köstlichkeiten sättigt und entspannt, zumindest vorübergehend, auch die Seele.

5. JUNI
sich Zeit schenken

Warum schenken wir uns nicht einmal das, was wir uns nicht kaufen können, nämlich Zeit. Erst einmal frühstücken wir ausgiebig. Wenn uns die Hausarbeit erstaunt ansieht, blicken wir freundlich zurück und geben ihr zu verstehen, dass heute mit uns nicht zu rechnen ist. Dann machen wir einen Spaziergang und laden uns unterwegs zu Kaffee und Kuchen ein. Später rufen wir einen lieben Menschen an und fragen ihn, ob er Lust hat, mit uns zusammen ins Kino zu gehen. Nach dem Film besuchen wir ein nobles Restaurant und gönnen uns ein feines Essen, dazu einen guten Wein. Wieder daheim, können wir noch eine Weile einer unserer Lieblingsbeschäftigungen nachgehen, bis uns die Müdigkeit überkommt und wir zufrieden schlafen gehen können.

6. JUNI
Die Seele aufatmen lassen

«Dein Atem ist dein bester Freund. Kehre zu ihm zurück in all deinen Schwierigkeiten», lautet der Rat eines Meditationsmeisters. Dieser Gedanke enthält eine tiefe Weisheit. Wir sind in unserem hektischen Alltag schon gar nicht mehr gewöhnt, auf unseren Atem zu achten. Atemlos hetzen wir von Termin zu Termin. Dabei könnten uns Atempausen an Leib und Seele erfrischen. Mit jedem bewussten Ausatmen können wir einen unliebsamen Gedanken oder eine ärgerliche Erfahrung zum Himmel schicken, um uns später, bei einer Phase bewussten Einatmens, etwas besonders Schönes vorzustellen, von dem wir uns wünschen, dass es unser Leben durchdringen möge.

7. JUNI
In der Meditation sich selbst begegnen

Mehr und mehr die äußere Wirklichkeit verlassen und den Weg nach innen suchen. Den störenden Geräuschen, die an das eigene Ohr dringen, keine Beachtung schenken. Irgendwann ist man auf der Reise zur eigenen Mitte so weit, dass man sie gar nicht mehr wahrnimmt. Man bewegt sich nur noch auf sich selbst zu.

Alles Denken verliert sich. Es gibt nur noch einen selbst und die Stille, die den Weg in die eigene Tiefe freigibt. Man begegnet seinen inneren Kräften, kann in sie hineinatmen und sie dadurch zu neuem Leben erwecken.

Je länger man in dieser Übung verharrt, umso stärker wachsen einem neue Energien zu. Man spürt, wie man von ihnen durchströmt wird. Die Fülle der eigenen Lebendigkeit drängt dazu, der Außenwelt wieder neu zu begegnen.

8. JUNI

Morgen ist auch noch ein Tag

Gerade wollen wir es uns einmal so richtig gemütlich machen und nur für uns selbst da sein, schon meldet sich das schlechte Gewissen: Eigentlich, so flüstert es uns leise, aber zugleich außerordentlich eindringlich zu, müsstest du heute...
Diesem Heute folgt eine erdrückende Liste von Aktivitäten, die wir schon lange vor uns hergeschoben haben. Schon ist es vorbei mit der Gemütlichkeit, oder? Vielleicht lässt das Gewissen ja mit sich handeln. Wer sagt uns denn, dass wir alle unangenehmen Pflichten gerade jetzt erledigen müssen. Wir machen einen Plan: An jedem Tag der Woche erledigen wir zwei Aufgaben. Und nach dem Motto «Morgen ist auch noch ein Tag» dürfen wir uns beruhigt wieder uns selbst zuwenden.

9. JUNI

Singe, wem Gesang gegeben

Singen ist wieder «in», zumindest entsteht der Eindruck, wenn man die zahlreichen Volksliedersendungen im Fernsehen sieht. Dabei bleibt man beim Zuschauen natürlich passiv, es sei denn, man traut sich, die Lieder, die ausgestrahlt werden, daheim mitzusingen. Manch einer mag dabei an seine Schulzeit zurück denken, in der er regelmäßig, gegebenenfalls sogar im Chor, gesungen hat. Vielleicht erinnert er sich noch an Melodien und Texte von damals und bekommt bei der nächsten Wanderung Lust, ein Liedchen anzustimmen. Beim Singen entspannt sich der Atem, und die Melodien rühren unser Gemüt an. Unsere Schritte werden leichter, und unserer Seele wachsen Flügel.

10. JUNI
Durch Spannung entspannen

Gelegentlich haben wir das Bedürfnis, einfach auszuspannen. Vielleicht verspüren wir Lust dazu, es uns auf dem Sofa gemütlich zu machen und ein spannendes Buch zur Hand zu nehmen. Der Roman zwingt uns in eine andere Zeit und Wirklichkeit hinein.

In unserer Fantasie entstehen Bilder, die unserem realen Erleben fremd sind. Während des Lesens versinken wir mehr und mehr in der Handlung. Wir identifizieren uns mit dieser oder jener Hauptfigur und bangen um das, was ihre Gegenspieler mit ihr treiben werden.

Kaum haben wir ein Kapitel zu Ende gelesen, überlegen wir schon, wie es wohl weitergehen mag. Manchmal kostet es Überwindung, nicht auf den letzten Seiten nachzublättern, wie die dargestellte Problematik enden oder sich auflösen wird. Stundenlang können wir so wohligen Abstand zu unserem Alltag gewinnen.

11. JUNI
Dieser Tag ist nur für uns gemacht

Es kann die Seele erfrischen, sich gelegentlich auf eine kleine Fantasiereise zu begeben. Dabei stellen wir uns vor, die ganze Welt in ihrer unermesslichen Schönheit sei für einen Tag ausschließlich für uns erschaffen worden. Wir verlassen das Haus und halten inne, um die rote Rose zu betrachten, die nur blüht, um unser Auge und unseren Geruchssinn zu erfreuen. Auch der Gesang der Vögel gilt an diesem Tag ganz allein unseren Ohren. Wir gehen ein Stück weiter in die Natur hinein und dürfen uns versichern, dass die Schmetterlinge nur für uns ihre farbigen Flügel in der Luft schwingen und die Bienen nur für uns summen. Und selbst der Marienkäfer, der auf sonnendurchwärmten Blättern krabbelt, will an diesem Tag allein unser Herz mit Träumen vom Glück beseelen.

12. JUNI
Vom Bummeln zum Baumeln der Seele

Wie herrlich kann ein Stadtbummel sein, auf dem man weder etwas zu erledigen hat noch gezielt nach etwas Ausschau halten muss. Hier oder da stehen bleiben, um die Auslagen und Dekorationen zu betrachten. Zufällig etwas entdecken, was man zwar nicht zwingend braucht, aber was einem im Augenblick gerade Freude machen würde, und es sich, sofern es sich preislich im Rahmen hält, auch leisten. Zwischendurch einen freien Platz in einem Café ergattern und sich das gönnen, worauf man gerade Appetit hat. Genießen, bedient zu werden, und zusehen, was um einen herum geschieht. Erst dann entspannt nach Hause fahren, wenn man es wirklich möchte.

13. JUNI
wenn ich in meinen Garten gehe

«Wenn ich in meinen Garten gehe, nehme ich mir bestimmte Pflegearbeiten vor», erzählte eine Frau, «zum Beispiel Unkraut zupfen und Verblühtes aus Rosen und Stauden herausschneiden. Ich stelle mir vor, dass ich dafür etwa eine Stunde brauchen werde. Zu Beginn der Arbeit geht mir noch alles Mögliche durch den Kopf. Aber je intensiver ich mich mit meinen Pflanzen beschäftige, umso mehr rücken Probleme und Alltagsfragen in den Hintergrund. Schließlich bin ich ganz bei der Sache und vergesse die Zeit. Ein unglaubliches Glücksgefühl durchströmt mich, weil ich spüre, dass ich eins bin mit mir selbst: Ich atme, ich lebe, ich bin frei. Erschrocken bin ich später nur, dass der Zeiger der Uhr nicht um eine, sondern um drei Stunden vorgerückt ist.»

14. JUNI
Den verflossenen Tag abstreifen

Nach einem besonders anstrengenden Tag mag man oftmals zu Hause nur noch in den Sessel sinken. Wie gut tut es, wenn man die Erschöpfung zulassen kann und sich nicht erneut unter Druck setzt, noch dieses und jenes erledigen zu müssen. Man hat ein Recht darauf, in die Ruhe zurückzurollen. Bei geschlossenen Augen geht einem mancherlei durch den Kopf von dem, was an diesem Tag gewesen ist. Bunte Bilder steigen auf, vom letzten Wochenende, vom vergangenen Urlaub. Man schenkt ihnen die Gelegenheit, ein wenig zu verweilen. Nach und nach verwandeln sich diese Rückblicke in Träume von der Zukunft. Man hat den Tag abgestreift und kann dem kommenden heiter entgegensehen.

15. JUNI
Auch Klöster haben ihren Reiz

«Verbringen Sie Ihren Urlaub einmal anders. Sie sind herzlich eingeladen, in unserem Kloster eine oder mehrere Wochen mitzuleben. Genießen Sie die Stille, und Sie werden Gott und damit zugleich sich selbst begegnen», so lautet die Einladung zu einer besinnlichen Zeit in einer Abtei. Mag sein, dass einem, wenn man an Klöster denkt, fromme Rituale und Enthaltsamkeit jeglicher Lebensfreuden einfallen, genau das, was man in seinen Ferien nun gar nicht sucht. Andererseits können einem einige Tage in der Abgeschiedenheit von der Welt die Gelegenheit schenken, Abstand zu gewinnen. Man kann üben, sich auf das Wesentliche zu konzentrieren, auf die Lebenskraft, die uns von unserer Mitte her hält und trägt.

16. JUNI
Auf eine wohltuende Umgebung Wert legen

Unser Inneres kommt am besten dann zur Ruhe, wenn uns die Außenwelt guttut. Von daher spielt es für unser Wohlbefinden eine erhebliche Rolle, ob wir unsere Wohnung nach eigenem Geschmack und mit persönlichen Details liebevoll gestaltet haben. Wir erholen uns ja auch besser, wenn wir eine Weile in einem Rosengarten sitzen, als wenn wir auf einem Autobahnparkplatz Rast machen. Auch ein gutes Essen schmeckt in einem Restaurant, das ein ansprechendes Ambiente hat, besser als Fastfood am Imbissstand in der Bahnhofshalle. So gesehen können wir jeden Tag durch die Gestaltung unserer Umgebung auch etwas für das Wohlbefinden und die Entspannung unserer Seele tun. ∽

17. JUNI
Sich in den Tag hineinfallen lassen

Einmal sich nur in den Tag hineinfallen lassen dürfen in dem sicheren Gefühl, dass keine Uhr tickt, kein Wecker klingelt, keine Aufgabe auf einen wartet. Einmal einen Tag nur für sich alleine haben, ohne irgendeinen Anspruch erfüllen oder auf andere Rücksicht nehmen zu müssen. Einmal nur dem eigenen Gefühl folgen dürfen und der Lust, die einen beseelt, um etwas von dem zu tun, was man schon lange gerne machen wollte. Niemandem Rechenschaft schulden über die sinnvoll gefüllten oder vergnüglich verplemperten Stunden des Tages. Einmal nur dem Anspruch der Seele folgen und dem Ruf der eigenen Bedürfnisse Gehör schenken und frohen Herzens Folge leisten. ∽

18. JUNI
Das Leben mit Leib und Seele auskosten

Leib und Seele bilden bekanntermaßen eine Einheit. Nur dann, wenn man sich in seinem Körper zu Hause fühlt, kann man auch «die Seele baumeln lassen».
Neulich erzählte ein Mann mittleren Alters, am besten gelinge ihm das beim Joggen. Anfangs gingen ihm noch zahlreiche Gedanken durch den Kopf und er bemühe sich bewusst um den Einklang von Atmung und Bewegung. Doch je länger er laufe, umso freier fühle er sich. Nach einigen Kilometern löse sich alles, was ihn anfangs noch geistig beschäftigt habe, in Wohlgefallen auf. Die Beine bewegten sich wie von selbst. Wenn er wieder zu Hause ankomme, fühle er sich wie neu geboren.

19. JUNI
Eine Sandkiste für Erwachsene

Es gibt eine kleine Übung, durch die man lernt, sich wieder selbst zu spüren, nämlich bewusst barfuß zu gehen. Nicht gerade durch die Stadt – aber auf dem Rasen, einem Kiesweg oder Sandplatz. Es ist ja bekannt, wie wohltuend die Anregung der Fußsohlen auf den ganzen Körper wirkt. Zudem kann man sich dabei, wenn man die Augen schließt, zugleich vorstellen, man sei in Urlaub und würde gerade über eine Wiese in den Alpen, durch einen englischen Garten oder über den Strand einer Südseeinsel spazieren. Wer in der freien Natur keine Gelegenheit dazu findet, kann sich auch daheim eine Kiste mit Sand oder runden Steinen hinstellen. In diesem Fall darf man ruhig einmal auf der Stelle treten, man wird dennoch mit dem Gefühl von Entspannung und Behaglichkeit belohnt.

20. Juni
Ein Experiment mit Beethoven

Jeder Mensch hat einen anderen Musikgeschmack. Es gibt sicher viele, die ihre Nase rümpfen, wenn die Rede ist von klassischer Musik. In Therapien werden allerdings instrumentale Stücke von Beethoven und Mozart eingesetzt, weil sie eine beruhigende Wirkung auf die Patienten haben. Man liest sogar, dass Blumen angeblich besser wachsen, wenn man ihnen gelegentlich eine Sinfonie von Beethoven vorspielt. Es lohnt sich, das einmal selbst auszuprobieren: sich in eine Sonate, in eine Sinfonie oder ein Klarinettenkonzert hineinfallen zu lassen wie in eine Hängematte und der entspannenden Wirkung nachzuspüren.

21. Juni
Spielräume entdecken

Manchmal bieten uns die Hotelanlagen im Urlaub die Gelegenheit zum Spiel: Minigolf, Tischtennis, Billard oder Ähnliches. Plötzlich spüren wir, wie viel Freude es macht, uns ganz in das Spiel hineinzubegeben. Je mehr wir um den Sieg kämpfen, um so stärker müssen wir uns konzentrieren. Das Spiel nimmt uns ganz und gar gefangen. Im Augenblick zählt nichts mehr, als ein gezielt geführter Schlag und ein gelungener Treffer. Haben wir verloren, hoffen wir auf eine Revanche, die uns die Chance zum Sieg oder zumindest zum Ausgleich eröffnet. Für einige Zeit leben wir in einer anderen Welt.
Retten wir doch solche Urlaubserfahrungen mit in unseren Alltag herüber und treffen wir uns gelegentlich im Freundeskreis zu einem fröhlichen Spieleabend.

22. JUNI
Den Wolken nachträumen

«Ich schau den weißen Wolken nach und fange an zu träumen», so beginnt ein alter Schlager von Lale Andersen. Mich haben diese Zeilen schon als Kind ungemein fasziniert. Stundenlang konnte ich in den Sommerferien im warmen Gras auf dem Rücken liegen und zusehen, wie sich die Wolkengebilde zu immer wieder neuen Formen zusammentürmten und verschoben, in denen ich stets neue Gestalten oder Tiere zu entdecken glaubte, die mich zum Austräumen ganzer Fantasiegeschichten anregten. Was für ein herrlicher, spielerischer Zeitvertreib, der dem Körper Ruhe und der Seele Entspannung schenkt und die schöpferischen Energie ins Fließen bringt. ∽

23. JUNI
«… und das ist grün»

Mit den Worten: «Ich sehe was, was du nicht siehst und das ist …» beginnt ein altes Kinderspiel. Man nennt die Farbe des gemeinten Gegenstandes und lässt die anderen munter raten. Folgen wir einmal dem Spiel, wenn nach etwas Grünem gesucht wird. Grün sind im Sommer Blätter und Wiesen. Grün ist die Farbe, so haben Psychologen herausgefunden, die eine beruhigende Wirkung auf uns hat. Aus diesem Grund sind zum Beispiel die Laken und Bettbezüge auf den Intensivstationen und in den Operationssälen der Krankenhäuser in grünen Tönen gehalten. Nehmen wir uns diese Erkenntnis zu Herzen. Was kann uns da mehr zur Ruhe und Entspannung bringen, als ein Waldspaziergang oder eine Wiese, über die wir unsere Blicke schweifen lassen können. ∽

24. JUNI
sein dürfen, einfach nur sein

Einen Tag am Sandstrand liegen und sich den eigenen Gedanken, Fantasien und Träumen überlassen. Den Wellen in ihrer Regelmäßigkeit von Kommen und Gehen zusehen und ihre stete, gleichmäßige Bewegung in sich aufnehmen. Schaumkrone um Schaumkrone nachverfolgen, bis sie sich wieder in der Weite des Meeres verlieren. Den leichten Seewind als Streicheln der Haut erleben und als eine Zärtlichkeit der Natur auskosten. Die Sonne genießen und ihr für ihre wärmende Kraft danken. Sich unter dem blauen Himmelszelt in das Leben hineinschmiegen. Sein dürfen, einfach nur sein: von Atemzug zu Atemzug.

25. JUNI
was wäre, wenn ….

Stellen wir uns einmal vor, wir wären ein Dichter. Was würden wir am liebsten schreiben? Einen Liebes-oder Abenteuerroman, eine historische Erzählung oder eine Science-Fiction-Story? Zu welchen Bildern würden wir uns hinreißen lassen, wenn wir ein Maler wären? Würden wir naturgetreue Darstellungen bevorzugen oder abstrakte Kunstformen wählen? Wenn uns die Gabe eines Komponisten zuteil wäre, würden wir dann ein Klavierkonzert gestalten, ein Chorwerk oder ein Rockmusical? Weitere Fragen bleiben dem Einfallsreichtum überlassen. Zum Beispiel: Wenn ich ein Zirkusdirektor wäre oder ein Filmregisseur … Auf solch spielerische Weise können wir uns über unsere eigenen Möglichkeiten hinausträumen – und vielleicht ja doch noch ein bisher unerkanntes Genie in uns entdecken.

26. Juni
Das Alleinsein genießen

Manchmal fühlen wir uns am wohlsten, wenn wir allein sind, wenn niemand da ist, der irgendetwas von uns erwartet und für den wir etwas tun oder leisten müssen. Da haben wir alle Zeit für uns, um endlich einmal etwas von dem tun zu können, was wir uns schon lange vorgenommen hatten. Einen Stadtbummel vielleicht, einen Kinobesuch oder die Ausübung einer unserer Lieblingsbeschäftigungen. Die Stille oder der Genuss einer uns anregenden Musik beflügelt uns geradezu, wieder einmal aufzuleben. Gelegentlich brauchen wir Zeiten des Alleinseins, um das auszuleben, was in uns steckt, und uns auf uns selbst besinnen zu können.

27. Juni
Sing mal wieder alte Lieder

Vielleicht erinnern wir uns an ein altes Volkslied, das wir in der Schule gesungen haben: «Viel Freuden mit sich bringet die fröhlich Sommerzeit, im grünen Wald nun singet wiedrum vor Freudigkeit ohn Unterlaß mit hellem Schall aus ihrem Hälselein zart sehr schön und fein Frau Nachtigall, kein Müh und Fleiß sie spart.» Mögen wir uns an dem Glanz und Licht sommerlicher Freude, dem Gesang der Vögel, der Lust an einem Spaziergang durch den grünen Wald, dem Summen der Bienen in den Blüten und den lauen Abenden auf der Terrasse ergötzen. Vielleicht bekommen wir ja auch Lust, in geselliger Runde mit der Nachtigall um die Wette zu singen und die Lieder aus frühen Kindheitstagen – mit all den Erinnerungen, die sie in uns wachrufen – wieder neu zum Klingen zu bringen.

28. JUNI
Beschaulich werden

Die Umwelt überflutet uns mit einer Überfülle an Reizen. Konzentrieren wir uns doch einmal nur auf ein einziges Bild: auf ein Gemälde, dessen Stilrichtung uns gefällt, auf einen Springbrunnen oder eine einzelne Blüte.

Versinken wir einmal ganz in der Betrachtung eines solchen Anblicks: Plötzlich scheinen die Figuren auf dem Gemälde lebendig zu werden und uns mit in die dargestellte Szenerie hineinzunehmen.

Jeder einzelne wirbelnde Wassertropfen am Brunnen lässt die Sonne durchscheinen und wird zu einem einzigartigen, perlenden kleinen Kunstwerk.

Die Blüte hat ihren Kelch nur für uns geöffnet, um uns ihre zarten Staubgefäße entgegenzustrecken und uns mit ihrer Schönheit und ihrem Duft zu verzaubern.

Je genauer wir hinschauen und uns in unsere Beschaulichkeit vertiefen, umso mehr ahnen wir zugleich die Tiefe unseres Selbst.

29. JUNI
wenn es Abend wird

Manchmal mag uns der sich ständig in seinem faszinierenden Farbenspiel verwandelnde Abendhimmel zu stiller Betrachtung einladen. Manches, was uns an dem verflossenen Tag erregt und bewegt hat, wartet darauf, von uns verabschiedet zu werden, damit wir die Nacht mit leichtem Gepäck beginnen können. Der Glanz des Himmels sucht mehr und mehr seinen Spiegel in unserer Seele, um uns ahnen zu lassen, dass wir keine verlorenen Einzelwesen, sondern ein Teil des Ganzen sind. So wie die Sonne schließlich am Horizont versinkt, dürfen auch wir selbst zur Ruhe kommen und den Tag in innerem Frieden beenden. ∞

30. JUNI
von der Lust am nutzlosen Tun

«Was machst du hier?», fragte die Ameise neugierig den Mann, der stundenlang am Ufer saß und seine Angel in den Fluss hielt. «Ich angle», erwiderte der Mann. «Hast du denn nichts zu arbeiten?», fragte die Ameise. «Doch, genug. Aber manchmal gönne ich mir eine Pause und komme hierher», antwortete der Mann. «Das könnte ich nicht», meinte die Ameise. In unserem Staat sind alle stets damit beschäftigt, Nahrung zu beschaffen und Tannennadeln herbeizuschleppen, um unseren Hügel zu vergrößern.» Sie schwieg eine Weile, um dann fortzufahren: «Fängst du denn wenigstens Fische für das Essen daheim?» «Selten», sagte der Angler. «Dann ist es ja völlig nutzlos, was du hier tust», meinte die Ameise entrüstet. «Unnütz ist es schon», gab der Angler zu, «aber sinnlos nicht». ∞

JULI
einfach wohlfühlen

1. JULI
sich phasen der erholung gönnen

Manchmal haben wir das Gefühl, als ob wir innerlich ausgebrannt und leer sind. Eigentlich möchten wir uns nur noch unter der Bettdecke verkriechen und die Augen schließen. Vielleicht sollten wir solchen Bedürfnissen Folge leisten. Was steht dem im Wege, zwei oder drei Tage Urlaub zu nehmen oder auf das Wochenende zu warten, um es uns rundum gemütlich zu machen: ausschlafen, solange es geht, ein erholsames Bad nehmen, über die Mittagszeit frühstücken und uns dann auf die Couch legen, um zu lesen oder vor uns hinzudösen.
Am ehesten können sich sicher Singles einen solchen kleinen Sonderurlaub leisten. Aber vielleicht hat auch die Familie einmal Verständnis für ein Wohlfühl-Wochenende von Vater oder Mutter und tut alles, damit es auch gelingen kann. ∾

2. JULI
ein neuer Lebensstil

Ein Sprichwort lautet sinngemäß: «Wenn jeder Mensch an jedem Tag einen anderen glücklich machen würde, dann gäbe es keinen unglücklichen Menschen auf der Welt.»
Nun muss es nicht immer gleich um das große Glück gehen. Manchmal ist es schon viel, wenn es einem gutgeht. Dazu passt vielleicht folgende Episode: Eine Frau rief eine ihr sympathische Kollegin an, als diese krank war, und fragte, ob sie etwas für sie tun könne. Diese meinte, sie würde sich über einen Besuch sehr freuen, weil ihr daheim allein mittlerweile «die Decke auf den Kopf» fiele.

Vielleicht wäre das ein ganz neuer Lebensstil: Nicht nur ständig um sich selbst zu kreisen sondern einen anderen Menschen zu fragen: «Was kann ich für dich tun, damit du dich wohlfühlst?»

3. JULI
Krank an Leib und Seele

Von einem Tag auf den anderen fühlen wir uns unwohl und spüren unserem Körper mangelnde Leistungsfähigkeit ab. Wir sind krank geworden. Vielleicht sollten wir uns in solchen Zeiten einmal fragen, ob es einen Zusammenhang gibt zwischen der Krankheit, die uns getroffen hat und den kränkenden Erfahrungen der letzten Zeit, die unser Herz verwundet und uns bis ins Mark hinein verletzt haben.

Wenn wir zwischen unseren körperlichen Beschwerden und den seelischen Verletzungen, die sich tief in uns eingegraben haben, eine Beziehung herstellen können, werden wir in erster Linie versuchen, unseren psychischen Problemen, vielleicht auch mit Hilfe eines dafür kompetenten Arztes, auf den Grund zu gehen.

Wenn der Seele Heilung zuwächst, wird oft auch der Körper gesunden, so dass wir dem Leben wieder mit innerer Ausgeglichenheit entgegensehen können.

4. JULI
Sich von Neid befreien

Es gibt Menschen, die stets von dem Gefühl verfolgt werden, dass sie in ihrem Leben zu kurz kommen. Irgendwie, so meinen sie, müssten sie doch auch einmal zum Zuge kommen und einen Löffel voll vom großen Glück abbekommen. Dass sie sich bei dieser verzweifelten Suche nach Anerkennung und Glück innerlich verkrampfen und von daher selbst im Weg stehen, merken sie nicht. Auch nicht, dass das beneidete Glück der anderen oft trügt. Vielleicht würde es ihnen helfen, gelegentlich einmal einen Blick auf das werfen, wofür sie in ihrem bisherigen Leben dankbar sein können. Da summieren sich vermutlich viele schöne Erfahrungen, die sie mit sich selbst und dem eigenen Leben zufrieden sein lassen können. ∞

5. JULI
Unangenehme Pflichten schnell erledigen

Manchmal schieben wir Dinge, die wir zu erledigen hätten, lange vor uns her. Eigentlich müssten wir Briefe beantworten, die letzten Urlaubsfotos ins Album kleben, Schränke aufräumen oder etwas Ähnliches, das uns wenig Vergnügen macht. «Je eher daran, je eher davon», lautet eine Redensart. Es ist erstaunlich, wie schnell manche dieser unangenehmen Pflichten bewältigt sind, wenn wir sie erst einmal in Angriff genommen haben. Vielleicht können wir daraus ein kleines Spiel entwickeln: Wir setzen uns eine Belohnung für uns selbst aus, wenn wir die Dinge, die wir uns vorgenommen haben, in einer bestimmten Zeit bewältigen. Wie gut wird es uns nach getaner Arbeit gehen, wenn wir unser kleines Erfolgserlebnis feiern. ∞

6. JULI
Gute Vorsätze auch in die Tat umsetzen

Vielleicht haben wir am Silvesterabend einen guten Vorsatz für das kommende Jahr gefasst: Dass wir uns gesünder ernähren wollen zum Beispiel oder dass wir durch Sport mehr für unsere Gesundheit tun könnten. Aber schon nach wenigen Tagen oder Wochen haben wir unseren guten Vorsatz vergessen und der alte Schlendrian hat uns wieder voll im Griff. Meistens ärgern wir uns darüber, kriegen aber nicht die Kurve, unsere guten Absichten nun mitten im Jahr in die Tat umzusetzen. Dabei könnten wir auch heute damit anfangen. Wie gut werden wir uns fühlen, wenn wir merken, dass wir Durchhaltekraft haben und fähig sind, unser Leben wirklich zu verändern.

7. JULI
Mit lieben Menschen zusammen fröhlich sein

Manchmal sitze ich am Abend still auf meinem Balkon, während aus den Nachbargärten lautes Lachen und fröhliche Lieder zu mir herüberschallen. Im ersten Augenblick fühle ich mich gestört. Dann aber denke ich, wie schön es ist, wenn sich Menschen mitten in der Woche zu einer Feier zusammenfinden und Spaß miteinander haben. Vielleicht, so überlege ich, sollte ich auch wieder einmal einige meiner Freundinnen und Freunde einladen, um sie zu bekochen und mit ihnen zusammen vergnügt oder gar ausgelassen zu sein. Selbst, wenn die Feier bis in die Nacht geht und ich am kommenden Morgen nicht völlig ausgeschlafen bin, so belebt mich die Freude des kleinen Festes doch soweit, dass ich auch einmal einen Tag mit müden Augen überstehe.

8. JULI
in fröhlicher Gesellschaft erst richtig aufblühen

Manche Menschen fühlen sich erst dann richtig wohl, wenn sie in Gesellschaft sind. Inmitten einer größeren Anzahl von Menschen blühen sie regelrecht auf. Sie genießen das bunte Treiben um sich herum und freuen sich über die vielen heiteren Gedanken und Impulse, die ihre Seele auch zu eigenen neuen Fantasien bewegen. Gelegentlich gefällt es ihnen, selbst im Mittelpunkt der Party zu stehen und für die eigenen amüsanten Beiträge bewundert zu werden oder sogar Applaus zu bekommen.
Es ist wichtig für einen selbst herauszukriegen, ob man auch zu diesen Menschen gehört, die Anregung von außen dringend brauchen, um innerlich lebendig sein zu können und sich in seiner Haut so richtig wohlzufühlen. ༄

9. JULI
wenn mich Menschen mögen

Besonders wohl fühlen wir uns, wenn wir spüren, dass wir gemocht oder geliebt, vielleicht sogar bewundert oder verehrt werden. Wenn wir spüren, dass wir anderen Menschen wirklich etwas bedeuten, steigt unser Selbstwertgefühl. Zugleich erfahren wir dadurch aber auch das Gefühl von Sinn: es ist nicht gleichgültig, was wir denken oder sagen, was wir tun und wie wir uns nach außen geben. Solche Erfahrungen motivieren uns dazu, noch mehr Kräfte und Fantasien in uns zu entdecken und freizusetzen. Solange uns das weitgehend in innerer Freiheit möglich ist, dürfen wir die Sympathien und Wertschätzungen von anderen Menschen ja auch mit Wonne genießen. ༄

10. JULI
Entspannung im Alltag suchen

Dann und wann haben wir das Gefühl, dass wir mit dem linken Bein aus dem Bett gestiegen sind. An solchen Tagen scheint nichts zu gelingen.
Wir verpassen die Straßenbahn.
Der Chef kritisiert unsere Arbeit.
Der Postbote bringt eine unerwartet hohe Rechnung.
Wie kann man einen solch deprimierenden Tag noch irgendwie für sich retten?
Vielleicht sollte man sich an solchen Tagen etwas besonders Schönes für sich selbst gönnen, zum Beispiel:
Einen Besuch bei guten Freunden, der einen darin bestätigt, dass man doch eigentlich ganz in Ordnung ist.
Oder eine stille Zeit mit sich selbst daheim, in der man bei einem guten Buch oder einer angenehmen Musik allmählich wieder zu dem Gefühl von Erholung und Einverständnis mit sich selbst kommt.

11. JULI
Loslassen, was uns überfordert

Vielleicht sind wir manchmal so unzufrieden mit uns selbst, weil wir uns zu hohe Ziele gesteckt haben und irgendwann erkennen müssen, dass wir sie nicht erreichen können. Wir haben versucht, uns zu Leistungen zu zwingen, denen wir nicht gewachsen sind, wir hatten Idealvorstellungen von unserem Leben, denen wir nicht genügen. Es stellt sich die Frage, aus welchem Grund wir versuchen, uns dauerhaft selbst zu überfordern. Meinen wir, auch als Erwachsene noch einen tief verinnerlichten Anspruch unserer Eltern an uns erfüllen zu müssen? Lassen wir doch los, was uns überfordert, und schenken wir uns die Freiheit, das zu leben, was wir sind und was wir mit unserer Kraft vermögen.

12. JULI
Sich bei einem anderen zu Hause fühlen

Völlig überraschend wird man von einem lieben Menschen eingeladen. Man wundert sich vielleicht zunächst, folgt dieser Einladung dann aber voller gespannter Erwartung. Kaum ist man dort, so spürt man an der umsichtigen Vorbereitung auf den Abend, mit wie viel Liebe man erwartet worden ist. Der Tisch ist schön gedeckt, ein guter Wein wurde bereit gestellt. Angesichts dieser sorgsamen Vorbereitungen wird einem warm ums Herz. Wie viel Mühe hat sich der Gastgeber gegeben, um es einem schön zu machen. Die Freude darüber belebt die eigene Kommunikationsbereitschaft. Mit einem Mal ist man in einem intensiven Gespräch miteinander versunken. Und man spürt, wie man sich rundum wohlfühlt.

13. JULI
Die Ferien voll auskosten

Was ist das doch für ein herrliches, befreiendes Gefühl, wenn wir unsere Urlaubszeit beginnen dürfen. Selbst wenn uns die Arbeit noch so viel Freude bereitet, genießen wir den Anfang der Ferien aus vollem Herzen. Wir spüren geradezu, wie die Alltagslast von uns abfällt. Herrliche Tage oder sogar Wochen liegen vor uns, in denen wir uns die Zeit ganz nach unseren Bedürfnissen und Wünschen einrichten können. Das Erste wird sein, dass wir den Wecker ausschalten. Endlich können wir es uns leisten, unseren eigenen Tages- und Nachtrhythmus zu finden. Wenn wir keine Reise geplant und gebucht haben, können wir uns von Tag zu Tag überlegen, was wir uns Gutes tun können: uns mit lieben Menschen verabreden, eine andere Stadt besichtigen oder einfach nur faulenzen.

14. JULI
Auf sich selbst stolz sein können

Da hat man ein umfangreiches Projekt oder eine ganz besonders anstrengende Aufgabe vor sich und weiß anfangs gar nicht, wie man damit fertig werden soll. Man setzt sich hin und überlegt, was man alles bedenken und tun muss. Man beginnt mit der Arbeit, aber zwischendurch verlässt einen dann doch immer wieder einmal der Mut. Tag um Tag müht man sich damit ab, die gestellte Aufgabe zu bewältigen. Wenn dann aber der Tag gekommen ist, an dem man sieht, dass man es geschafft hat und vielleicht sogar Anerkennung und Lob dafür erntet, sind alle Mühen vergessen. Wie gut geht es einem, wenn man zu Recht auf sich selbst stolz sein kann.

15. JULI
Aggressionen zur Sprache bringen

Hin und wieder kommt es vor, dass uns, sprichwörtlich gesagt, «die Galle überläuft». Da haben wir eine unbändige Wut auf jemanden, der uns in irgendeiner Weise bewusst oder unbewusst geärgert und zum Zorn provoziert hat.
Wie sollen wir uns jetzt verhalten?
Können wir unseren Ärger frei herauslassen oder müssen wir uns zusammenreißen?
Die Art und Weise, wie wir reagieren, hängt sicherlich von der Person ab, die uns zur Weißglut gebracht hat. Einem Vorgesetzten gegenüber werden wir uns anders verhalten als zu einem Kollegen. Dennoch: Aggressionen dauerhaft herunterzuschlucken hat noch keinem Menschen gut getan.
Am besten ist es, die Konfliktsituation in einigermaßen angemessener Weise zur Sprache zu bringen, um sich selbst dadurch von der aufgestauten Wut zu befreien. ☙

16. JULI
Sich an dem freuen, was im Augenblick ist

«So richtig gut gehen würde es mir erst, wenn…», ist ein Satz, der häufig zu vernehmen ist. Nach dem «wenn» folgen dann die unterschiedlichsten Wunschträume. «Wenn ich erst mit meiner Ausbildung fertig bin», «wenn ich einen schicken Wagen habe», «wenn die Kinder mit dem Studium fertig sind», «wenn ich die Raten für das Haus abbezahlt habe». Das hört sich so an, als käme einmal eine belastungsfreie Zeit, in der man sich dann endlich einmal richtig wohlfühlen kann.

Dabei gibt es doch, trotz aller gegenwärtigen Bürden, in der Gegenwart an nahezu jedem Tag irgendetwas, was einem Freude macht und zu einem Lächeln verführt. Vielleicht bedarf es einer besonderen Lebenskunst, solche beglückenden Augenblicke wahrzunehmen und auszukosten.

17. JULI
Anderen Menschen helfen, sich wohlzufühlen

«Am besten geht es mir», sagte die bis zum Hals gelähmte Frau, «wenn mich jemand besucht. Die Erzählungen meiner Kinder und Enkel lassen mich teilhaben an dem Leben ‹draußen›. Dann spüre ich, dass ich doch noch dazugehöre und dass ich dadurch, dass ich meiner Familie zuhöre, auch wichtig für sie bin. Wenn sie sich dann wieder verabschieden, habe ich das Gefühl, dass dieser Tag einen Sinn gehabt hat.»

Wie oft bejammern wir unsere eigenen kleinen Wehwehchen, die uns daran hindern, unsere Tage zu unserer Zufriedenheit zu gestalten. Wie wenig Zeit und Kraft bedarf es, einen kranken oder behinderten Menschen zu besuchen, um ihm wenigstens für ein paar Stunden ein gutes Lebensgefühl zu vermitteln.

18. JULI
sich zu Hause fühlen

Am wohlsten fühlen wir uns, wenn wir an einem Ort sind, an dem wir verstanden werden und uns angenommen wissen. Das geht wohl jedem Menschen so. Daher ist es unsere Aufgabe, Menschen, die aus anderen Ländern zu uns kommen, der Sprache nicht mächtig, unsicher und ängstlich besorgt um ihre Zukunft, die Hand zu reichen. Ein solches Entgegenkommen kann vielerlei Gestalt haben: ein freundliches Lächeln anstatt eines misstrauischen Blickes, eine Einladung, um auf irgendeine Weise miteinander ins Gespräch zu kommen, die Begleitung zum Arzt, zur Asylbehörde, zum Arbeitsamt. Damit die Fremden, die unter uns leben, spüren, dass sie mit uns zusammenleben dürfen und nach und nach bei uns ein Stück Heimat finden. ᴄᴡ

19. JULI
Träumen können

Bisweilen gönnen wir uns eine ruhige Stunde. In dieser Zeit der Entspannung steigen Fantasien und Wunschträume auf. Was würden wir gerne einmal erleben, welche Hoffnungen haben wir an die Zukunft, worin bestünde für uns das größte Glück? Wenn wir aus solchen Träumereien wieder zu uns kommen, werden wir das Meiste davon wahrscheinlich für völlig unrealistisch halten und zur Tagesordnung übergehen. Aber es ließe sich ja doch einmal ernsthaft überlegen, ob der ein oder andere Wunschtraum irgendwann zu verwirklichen wäre. Wie wohl wird uns sein, wenn wir uns im Laufe unseres Lebens so manche Sehnsucht erfüllen können. ᴄᴡ

20. JULI
Auf die Stimme des Körpers hören

Manchmal geht es uns gar nicht gut mit uns selbst. Wir fühlen uns zerrissen, depressiv oder überfordert und spüren, dass unsere seelischen Probleme auch unsere Gesundheit beeinträchtigen: aufgestaute Wut erzeugt Kopfschmerzen, übermäßiger Stress führt zu Magengeschwüren. Diese körperlichen Symptome geben uns einen Hinweis auf das, was in unserem Leben nicht in Ordnung ist. Es wäre ein Versäumnis, wenn wir sie allein mit Medikamenten behandelten. Vielmehr sollten wir sie als gut gemeinte Hilfestellung ansehen, um unseren eigentlichen Problemen auf den Grund gehen zu können und in einigen Punkten die Art und Weise, wie wir mit uns selbst umgehen, zu verändern.

21. JULI
Zärtlichkeit genießen

Von dem Augenblick unserer Geburt an brauchen wir Zärtlichkeit. Wenn wir als Säugling geschrien haben, wurden wir von unseren Eltern auf den Arm genommen und liebkost, bis wir uns durch die Wärme ihres Körpers beruhigt hatten und in dem Gefühl von Geborgenheit einschlafen konnten. Mittlerweile sind wir erwachsen geworden, aber das Bedürfnis nach Streicheleinheiten ist geblieben. Uns ist wohl zumute, wenn uns ein lieber Mensch in die Arme nimmt oder wenn wir mit unserem Partner schmusen und kuscheln können. Berührung ist ja nicht nur ein körperlicher Vorgang, sondern dringt, wenn wir sie zulassen können, bis in unser Herz und wärmt uns durch und durch.

22. JULI
was ich der zukunft noch abringen will

Von Zeit zu Zeit lasse ich mein Leben vor meinem inneren Auge Revue passieren. Welche der Ziele, die mir einst wichtig waren, habe ich erreicht, welche Hoffnungen haben sich erfüllt, welche Träume musste ich aufgeben. In dem Zusammenhang beschäftigt mich die Frage, was ich mit meinem Leben noch anfangen, was ich weiterhin aus ihm herausholen, was ich der Zukunft abringen will. Denn es gibt keinen schrecklicheren Gedanken für mich, als mir am Ende meiner Tage möglicherweise eingestehen zu müssen, dass ich kostbare Zeit sinnlos vertan und vergeudet habe. Von daher ist es mir wichtig, mein tägliches Tun bewusst zu gestalten.

23. JULI
neue möbel für die seele

Gelegentlich müssen wir unsere Wohnung renovieren. Es macht uns Spaß, nach neuen Tapeten und Möbeln Ausschau zu halten und uns nach frischen Farbakzenten umzusehen. Aber hin und wieder sollten wir auch einmal darüber nachdenken, das eigene Leben zu erneuern. Dafür brauchen wir weder Einrichtungshäuser noch Handwerker. «Do it yourself» ist angesagt. Statt neuer Tapeten eine erweiterte Sichtweise, anstelle einer teuren Essecke mehr Gastlichkeit, statt einer moderneren Küche mehr Nahrung für die Seele und anstelle bequemerer Betten mehr Zeit und Ruhe für uns selbst. In solchen äußerlich und innerlich neu gestalteten Räumen werden wir uns rundum wohl und zu Hause fühlen!

24. JULI
Mit sich selbst zufrieden sein können

«Ich brauche stets ein hohes Maß an Erfolg und Anerkennung von außen, nur dann geht es mir gut», sagte der junge Mann, der sich regelmäßig noch Arbeit mit nach Hause nahm, um dort an den Abenden weiterzuarbeiten und an seiner Karriere zu basteln. Natürlich braucht jeder von uns gelegentlich ein bestätigendes Wort. Jedes Lob lässt uns innerlich aufblühen. Aber wenn wir unser Wohlbefinden davon abhängig machen, geraten wir in einen Teufelskreis von Unfreiheit. Wie viel schöner ist es, wenn wir uns abends selbst auf die Schulter klopfen können in der Gewissheit, getan zu haben, was wir konnten, und unsere Sache so gut gemacht zu haben, wie wir es nun eben einmal vermochten. ∞

25. JULI
Eine Idee in die Tat umsetzen

Manchmal sind wir ganz begeistert von einem kreativen Einfall und beginnen mit großem Schwung, ihn in die Tat umzusetzen. Doch nach kurzer Zeit verlässt uns der Mut. Zweifel überkommen uns, ob unsere Idee wirklich so brillant war, wie wir sie im ersten Augenblick empfunden haben. Plötzlich überfällt uns eine innere Lähmung. Mag ja sein, dass wir uns zu viel vorgenommen hatten. Mag aber auch sein, dass wir die Hände zu früh in den Schoß gelegt haben. Starten wir doch einfach einen neuen Anlauf. Wenn uns dann gelingt, was wir uns in den Kopf gesetzt hatten, haben wir etwas Neues in die Welt hineingegeben und damit die Schöpfung erweitert. Wir dürfen dann von uns selbst begeistert sein. ∞

26. JULI
südländischen Charme ins Leben bringen

Aus dem Urlaub in südlichen Ländern wissen wir von der Lebensweise der Menschen dort: Am Mittag wird eine Siesta eingelegt, und am Abend genießt man in der Taverne das pralle Leben um sich herum. In unseren Breitengraden hingegen sind Menschen oft pausenlos bei der Arbeit. Hat der Feierabend begonnen, wird geputzt, gewaschen und gebügelt, bis man erschöpft ins Bett sinkt und beklagt, dass der Tag wieder viel zu schnell vergangen ist. Es kann uns – auch ohne einen Wintergarten mit Palmen – gelingen, etwas südländischen Charme in unser Leben zu bringen. Wenn wir uns mittags oder nach getaner Arbeit eine Stunde der Muße gönnen und am Abend Spaß und Geselligkeit. Wir werden spüren, wie gut uns das tut.

27. JULI
Den Sinn für das Schöne entdecken

Es bereichert unser Leben, wenn wir einen Blick für das Schöne haben. Wenn wir ein raffiniertes Blumengesteck, ein originell eingepacktes Geschenk oder ein gediegenes Tischarrangement in seiner Besonderheit wahrnehmen, würdigen und uns von Herzen daran freuen können. Vielleicht bekommen wir dadurch sogar Anregungen, unsere eigenen kreativen Seiten zu entdecken. Mit ein wenig Geschick und Fantasie wird es uns gelingen, auch unsere eigene häusliche Umgebung mit dem ein oder anderen schmucken Accessoire zu versehen. Je gemütlicher die Wohnung wird, umso wohler fühlen wir uns in den Stunden, in denen wir daheim sind.

28. JULI
Leib und Seele zugleich verwöhnen

Vieles erledigen wir so nebenbei. Während wir mit dem Handy telefonieren, räumen wir mit der anderen Hand den Tisch auf, beim Fernsehen blättern wir in einer Illustrierten und die Bügelwäsche erledigen wir neben einer Nachrichtensendung. Manchmal lässt uns der Alltag gar keine andere Wahl als mehrere Dinge gleichzeitig zu tun.
Gelegentlich sollten wir uns aber mit ungeteilter Aufmerksamkeit einer einzigen angenehmen Beschäftigung widmen. Die Vorbereitung eines guten Essens, zum Beispiel das Kleinschneiden von Gemüse, das Anbraten von Fleisch und Zwiebeln und das Würzen einer kräftigen Soße mit frischen Kräutern darf uns ruhig einmal ganz gefangen nehmen. Der Duft, der die Küche durchströmt, das gelegentliche Abschmecken und schließlich der vollen Genuss der liebevoll angerichteten Speisen sättigen Leib und Seele zugleich.

29. JULI
Verletzungen der Kindheit neu überdenken

Viele Menschen klagen über die verletzenden Erfahrungen in ihrer Kindheit. Die Eltern haben sich zu wenig um sie gekümmert: Sie haben ihnen nicht genügend Zeit zum Erzählen ihrer Erlebnisse eingeräumt und selten nach ihren Gefühlen gefragt. Es fehlte die rechte Aufmerksamkeit und Wärme. Man kann darüber ein ausgiebiges Klagelied anstimmen. Aber die schmerzhaften Erfahrungen haben einen ja mit geprägt und zu der Persönlichkeit werden lassen, die man ist und die vielleicht auch durch bedrückende Erfahrungen besondere Stärken hat entwickeln können. Wenn man sich mit diesen Gedanken intensiv auseinandersetzt, wird es eines Tages möglich, die eigene Lebensgeschichte für sich anzunehmen, wie sie gewesen ist, um sein eigenes Leben zu entdecken und zu entfalten.

30. JULI
Aufräumen befreit – auch die Seele

Gelegentlich verspüren wir das Bedürfnis, unsere Wohnung einmal wieder aufzuräumen. Stapel von Zeitungen und Unterlagen wollen daraufhin durchgesehen werden, welche wir aussortieren oder was wir von dem vielen Papier noch brauchen und abheften können, in Schubladen soll Ordnung geschaffen und Kleidung muss ausrangiert werden. Wenn wir in Schränken und auf dem Schreibtisch wieder «Luft» geschaffen haben, fühlen wir uns erleichtert. Der äußere Prozess des Aufräumens wirkt ausgleichend auf unsere Seele. Verworrene Gefühle und Gedanken klären sich allmählich. Wir finden wieder zu unserer Balance, zu heiterer Gelassenheit zurück.

31. JULI
Jeder muss herausfinden, was ihm guttut

Da war einmal ein Karpfen, der für einen Augenblick seinen Kopf aus dem Wasser hob und dort, am Rande des Teichs, einen Hasen sitzen sah. «Du armer Hase», sprach er, wie kann es dir nur gut gehen, wo du immer durch Feld und Wald springen musst und niemals ein erfrischendes Bad nehmen kannst.»
«Ach», antwortete der Hase. «Ich fühle mich in meinem Leben sehr wohl. Ich genieße das frische Grün, das mich sättigt und freue mich über die saftigen Wiesen, über die ich hoppeln kann. Eigentlich tust du mir leid, dass du immer im Wasser herumschwimmen musst und die Herrlichkeit von Wald und Flur nicht genießen kannst.»
Das ist Lebenskunst: Sich mit den Möglichkeiten, die einem zur Verfügung stehen, so einzurichten, dass man sich wohlfühlt.

AUGUST
einfach aus Freude

1. AUGUST
Freude, schöner Götterfunken

«Freude, schöner Götterfunken» beginnt die Hymne an die Freude von Friedrich von Schiller, in der er den Zauber von Liebe und wahrer Freundschaft als eine paradiesische Erfahrung preist. Wenn die Freude unser Herz wie ein göttlicher Funke entflammt und uns die Faszination des tief beglückenden Augenblicks sogar in eine Art seligen Erschauerns versetzt, dann geht der Himmel nicht nur über uns, sondern zugleich in uns auf. Da spüren wir mitten in unserem diesseitigen Leben etwas von einer anderen, göttlichen Welt, von der wir ahnen, dass sie unser manchmal in vielerlei Hinsicht so frag-würdiges Leben hier und jetzt auf den Boden tragfähiger Sinnhaftigkeit stellen will. ❧

2. AUGUST
«Vorfreude ist die schönste Freude»

«Vorfreude ist die schönste Freude», lautet ein Sprichwort. Da ist etwas Wahres dran. Die innere Spannung, die die Vorfreude in sich trägt, setzt allerlei Fantasien frei und regt die Tagträume dazu an, sich mit dem erwarteten Ereignis im Vorhinein zu beschäftigen und es sich in den schillerndsten Farben auszumalen. Tagträume und Fantasien aber beleben uns und lassen uns bisweilen innerlich ein Stück abheben von unseren Alltagssorgen. Die Anstrengungen, die enttäuschenden und negativen Erfahrungen, die in dieser Zeit der Vorfreude natürlich auch nicht ausbleiben, verlieren ihre erdrückende Macht angesichts der heiteren Ungeduld, die uns ergriffen hat. ❧

3. AUGUST
Den Tag freundlich begrüßen

Wer den neuen Morgen schon freundlich begrüßen kann, den erwartet ein heiterer Tag, auch wenn es draußen regnet und stürmt. Die sprichwörtliche Sonne im Herzen beschenkt uns mit der Fähigkeit, den vor uns liegenden Tag als Geschenk anzunehmen, an dem wir eine Fülle von wundervollen Erfahrungen, Wahrnehmungen und Begegnungen vor uns haben. Dabei ist es eine Frage der Sichtweise, ob wir lustlos und quasi blindlings unseren Weg zur Arbeit antreten oder ob wir in den Vorgärten anderer Häuser die ersten Krokusse, Narzissen, Tulpen oder später auch Rosen oder Astern entdecken. Jeder Blick in die sich ständig wandelnde Natur kann unser Herz wenigstens für einen kleinen Augenblick mit Freude erfüllen.

4. AUGUST
Anderen Menschen helfen können

Es kommt schon einmal vor, dass wir gefragt werden, ob wir helfen können. Die kranke Nachbarin braucht ein Medikament aus der Apotheke, ein Kollege unsere fachliche Unterstützung, eine gute Freundin Zeit für ein Gespräch. Vielleicht fehlt uns bisweilen die Lust oder auch die Zeit, solchen Bitten nachzukommen. Aber wenn wir uns nicht mit dem in der Gesellschaft mittlerweile gängigen Motto «Was habe ich denn davon» herausreden, sondern nach der Devise leben «Was haben die anderen davon», dann werden wir spüren, dass jede Form unserer Hilfsbereitschaft nicht nur den anderen guttut, sondern auch unser eigenes Herz mit Freude erfüllt.

5. AUGUST
Überraschungen berühren das Herz

Da lacht das Herz, wenn uns plötzlich, vielleicht völlig unerwartet, ein lieber Brief von einem Menschen erreicht, von dem wir schon lange nichts mehr gehört haben. Oder wenn uns der Briefträger ein hübsch gepacktes Päckchen bringt, an dessen Inhalt wir spüren, wie viele Gedanken sich der Absender gemacht hat, um uns eine Freude zu bereiten. Oder wenn es ganz unvermittelt an der Tür klingelt und ein lieber Mensch vor der Tür steht, der uns «einfach nur so» besuchen möchte. Wenn wir solche frohen Überraschungen erleben, dann blühen wir innerlich auf. Vielleicht motivieren uns solche Erfahrungen ja auch dazu, einmal andere Menschen ganz unvermittelt mit etwas Schönem zu erfreuen.

6. AUGUST
Freude mit-teilen

Es gibt ein Sprichwort, das heißt: «Geteiltes Leid ist halbes Leid, geteilte Freude ist doppelte Freude.» Wenn wir etwas unglaublich Schönes erleben, das unser Herz berührt, dann drängt es uns, dieses beglückende Ereignis jemandem mitzuteilen in der Hoffnung, dass der andere sich mit uns freuen, unsere Freude also mit uns teilen kann. Schnell greifen wir zum Telefon, um zu erzählen, was uns bewegt. Wenn wir dann hören, wie der andere sich mit uns freut, vertieft sich unser Hochgefühl noch um ein Vielfaches und wir werden zum glücklichsten Menschen der Welt.

7. AUGUST
Ein Anti-Frust-Lust-Paket

«Was haben dir denn deine Gäste gestern zum Geburtstag mitgebracht», fragte der Kollege am nächsten Morgen.
«Jeder hatte ein Päckchen dabei, hübsch eingewickelt – und an jeder Schleife hängt ein verschlossener Briefumschlag.»
«Soll das heißen, dass du deine Geschenke noch gar nicht ausgewickelt hast?»
«Das ist der Sinn dieses Geschenks.»
«Du redest in Rätseln.»
«Es geht um Folgendes: Ich darf im Verlauf des kommenden Jahres immer dann eins der Präsente öffnen, wenn es mir nicht gutgeht, wenn ich Stress habe, krank oder einfach schlecht gelaunt bin. Schon allein der Gedanke macht doch Spaß, dass ich daheim einen Vorrat an eingewickelter Freude habe, verbunden mit aufmunternden Worten meiner Freundinnen und Freunde. Jetzt kann ich mich schon fast auf den nächsten Ärger freuen.»

8. AUGUST
von Herzen fröhlich sein

Menschen, die Freude im Herzen haben, sind fröhliche Menschen. Sie können sich an den kleinsten Dingen im Alltag freuen. Bei ihnen kann der Duft einer Tasse frischen Kaffees oder der Regenbogen am Himmel das Gefühl von Freude hervorrufen. Eine angenehme Musik aus dem Radio verlockt sie auch an den düstersten Tagen, soweit es möglich ist, die Alltagsarbeit zu unterbrechen und zu tanzen. «O Mensch, lerne tanzen, sonst wissen die Engel im Himmel nichts mit dir anzufangen» (Augustinus). Dabei brauchen wir nicht auf ein fernes Jenseits zu warten. Wer vor Freude lachen, singen und tanzen kann, der erlebt den Himmel schon hier auf Erden.

9. AUGUST
sich selbst Wünsche erfüllen

Unser Herz ist voller Wünsche. Die einen möchten sich vielleicht ein besonders schönes Kleid kaufen, andere wollen sich ein schickes Auto leisten, wieder andere sparen auf eine außergewöhnliche Urlaubsreise. Da braucht es so manches Mal Monate oder auch Jahre, bis sich dieser tiefe Wunsch verwirklichen lässt. Dann aber ist die Freude groß. Endlich hat man es, vielleicht auch unter dem mühsamen Verzicht auf andere Dinge, geschafft, sich seinen Traum zu erfüllen. Voller Stolz führen wir unseren Freundinnen und Freunden unsere neue Errungenschaft vor. Vielleicht freuen wir uns auch an der Bewunderung anderer für das, was wir uns nach der mühsamen Zeit des Sparens nun haben leisten können, und dürfen unsere Freude auf diese Weise sogar doppelt auskosten.

10. AUGUST
Guten Morgen, liebe Sonne

«Guten Morgen, liebe Sonne.» Könnten wir doch jeden neuen Tag von ganzem Herzen mit diesem Lied begrüßen und fröhlich aufstehen, um mit freudiger Erwartung dem entgegenzublicken, was er uns abverlangen will. Es liegt ja ein tiefer Segen darin, wenn wir es wagen dürfen, uns den Herausforderungen, die vor uns liegen, zu stellen und dadurch selbst wieder in einen Wandlungsprozess einzutreten. Denn das, was wir heute erfahren und erleben, womit wir uns auseinandersetzen, vielleicht sogar ringen und kämpfen müssen, verändert uns und lässt uns wieder einen weiteren Schritt zu dem Menschen werden, der in der Tiefe immer schon in uns angelegt war und der wir am Ende eigentlich sein sollen.

11. AUGUST
Die Freude feiern

Hin und wieder gelingt uns im Leben etwas besonders Schönes. Da haben wir unendlich lange an einem Projekt mitgearbeitet, haben mit Mitarbeitern gerungen und uns für die eigene Position immer wieder einsetzen müssen. Oder wir haben zu einem besonderen Anlass ein Fest vorbereitet, und die ganze Veranstaltung war für alle ein Vergnügen und für uns selbst ein voller Erfolg. Wir sollten dann nicht im gleichen Augenblick, in dem wir spüren, dass sich unsere Mühe und unser Einsatz gelohnt haben, schon mit der nächsten Aufgabe oder Arbeit beginnen, sondern uns Zeit schenken, innezuhalten, um unseren Erfolg in der uns entsprechenden Weise auszukosten und angemessen zu feiern.

12. AUGUST
Sich Auszeiten gönnen

Manchmal sind wir einfach nur müde und kaputt. Da muss gar nichts besonders Schlimmes oder Anstrengendes passiert sein, allein die alltäglichen Belastungen können mitunter zu dem Gefühl führen, dass man nicht mehr weiß, woher man die notwendigen Energien für den nächsten Tag nehmen soll. Vielleicht tut es dann gut, sich einmal rundum verwöhnen zu lassen oder sich selbst zu verwöhnen. Das kann ein Besuch beim Friseur sein oder im Kosmetikinstitut, eine Stunde im Fitness-Studio oder in der Sauna. Vielleicht hat man auch Lust, mit einigen netten Leuten zusammen essen oder ein Bier trinken zu gehen. Bisweilen können solche kleinen «Auszeiten», wenigstens für kurze Zeit, auch das Herz mit Freude erfüllen.

13. AUGUST
Befreiung erfahren

Manchmal wird uns in unserem Alltag einfach alles zu viel. Hinzu kommen dann noch allerlei Dinge, die wir zu erledigen haben, die uns aber vom Innersten her so sehr widerstreben, dass wir sie oftmals schon eine ganze Weile vor uns hergeschoben haben. Wie froh und erleichtert aber fühlen wir uns, wenn eine Kollegin oder auch der Ehepartner dann sagen: «Das nehme ich dir ab, das erledige ich für dich.» Solche so genannten kleinen Hilfen im Alltag können uns ja eine ganz große Last wegnehmen und uns dadurch zu einem tiefen Gefühl von Befreiung führen: «Gott sei Dank, dass ich das jetzt nicht mehr machen muss.» Auch solch eine tiefe innere Erleichterung kann uns von ganzem Herzen fröhlich machen.

14. AUGUST
Sich freuen können wie ein Kind

Bisweilen sind wir vielleicht fasziniert darüber, wie Kinder sich freuen können. Aufsteigende Seifenblasen oder bunte Luftballons können die Kleinen völlig bezaubern und für einige Zeit ihre Aufmerksamkeit ganz in Anspruch nehmen. Wir haben Spaß und Freude an ihrer ungeteilten Begeisterung angesichts von Vergnügen, die wir selbst vielleicht als Banalität abtun. Vielleicht sollten wir uns von der kindlichen Begeisterungsfähigkeit anstecken lassen und wieder die Freude an kleinen und uns oft als unscheinbar anmutenden Dingen entdecken. Möglicherweise können wir auch wieder einmal Freude verspüren an der Fahrt mit einem Riesenrad oder daran, die Samen einer so genannten «Pusteblume» wegzublasen.

15. AUGUST
Seine Freude zeigen können

Es ist eigentlich eine ganz natürliche Reaktion, dass man sich freut, wenn ein lieber Mensch an einen denkt oder einem etwas Schönes schenkt. Leider gibt es Menschen, die ihre Freude dem Geber gegenüber nicht zum Ausdruck bringen können. Dann steht der Schenkende da, der sich vielleicht sehr viel Gedanken und Mühe mit seinem Brief oder seinem Präsent gemacht hat, und ist furchtbar enttäuscht, dass er keine sichtbare Reaktion auf seine guten Gedanken oder Geschenke erhält. Wie viel beglückender ist es, wenn wir den Geber durch liebevolle Worte oder durch eine spontane Umarmung spüren lassen, wie sehr sein liebes Geschenk uns froh gemacht hat. Da kehrt die Freude, die wir erfahren durften, zu dem Schenkenden zurück.

16. AUGUST
Erleichtert sein dürfen

Etwas äußerst Unangenehmes steht bevor: eine Prüfung, vor der man sich fürchtet, eine Vorsorgeuntersuchung beim Arzt oder ein schwieriger und voraussichtlich belastender Besuch. Tagelang machen wir uns darüber Gedanken, wir versuchen vielleicht, alle Probleme, die möglicherweise auftreten könnten, schon in der Fantasie vorwegzunehmen, und bemühen uns, der Angst auslösenden Situation schon im Vorhinein einigermaßen gefasst entgegensehen zu können. Welche Erleichterung aber tritt ein, wenn sich die Sorgen im Nachhinein als unbegründet herausstellen. Diese Erleichterung ergreift unser Herz mit tiefer Freude und ermutigt uns vielleicht, künftig entsprechende Probleme mit mehr Gelassenheit anzugehen.

17. AUGUST
schenken können

Plötzlich erreicht uns eine herzliche Einladung zu einem besonderen Ereignis. Natürlich freuen wir uns darüber. Dann aber stellt sich die Frage: Was sollen wir schenken? Noch schöner ist es, wenn wir uns Gedanken darüber machen, was wir zur Gestaltung des Festes beitragen können. Da ist dann unsere Kreativität gefragt: Fällt uns ein Gedicht ein oder ein Spiel, können wir eine kleine Rede halten, etwas basteln oder mit einigen Dias an die vergangenen Jahre unserer Freundinnen und Freunde erinnern? Die Umsetzung unserer fantasievollen Einfälle, mit denen wir etwas zur heiteren Gestaltung der Feier beisteuern, macht den Beschenkten ebenso viel Freude wie uns selbst bei ihrer Vorbereitung.

18. AUGUST
Die CD

«Meine Mutter hatte gerade eine Augenoperation hinter sich», erzählte die junge Frau. «Es war nicht sicher, ob sie ihre Sehkraft überhaupt zurückgewinnen würde. Was sollte ich ihr also zum Geburtstag schenken? Ein Buch, über das sie sich sonst immer sehr gefreut hatte, kam natürlich nicht in Frage. Ein schönes Tuch würde sie vielleicht gar nicht mehr als solches erkennen können. Da hatte ich plötzlich eine Idee. Nachdem ich mir das entsprechende Programm aus dem Internet heruntergeladen hatte, schloss ich an meinen Computer ein Mikrofon an und nahm damit sorgsam ausgewählte Geschichten auf, die ich selbst laut las. Ich kann kaum beschreiben, wie sehr sich meine Mutter darüber gefreut hat, vor allem, weil sie damit auch meine Stimme stets bei sich daheim hatte. Sie hat die CD immer und immer wieder gehört.»

19. AUGUST
Es dann und wann Blumen regnen lassen

Über die persönlichen Beweggründe zum Feiern, wie Geburtstag, Namens- oder Hochzeitstag hinaus kennen wir allgemeine Anlässe, Menschen, die man gern hat, eine Freude zu machen, wie den Valentins- oder Muttertag. Aber warum legen wir uns auf bestimmte Daten fest, um einander ein Zeichen der Freundschaft oder der Liebe zu senden? Wir beglückend ist es, wenn wir dann und wann, auch unabhängig von festen Gedenktagen, ein gutes Wort, einen Blumenstrauß oder ein hübsches Geschenk erhalten. Vielleicht bekommen wir dadurch Lust, auch selbst andere gelegentlich – aus heiterem Himmel – durch eine liebevolle Aufmerksamkeit zu erfreuen.

20. AUGUST
vergnügen am un-nützen

Es gibt Menschen, die meinen, dass sie nur dann einen persönlichen Wert und damit zugleich eine Daseinsberechtigung haben, wenn sie stets etwas Nützliches leisten. Solches Leistungsdenken wird uns ja auch von klein auf eingeprägt. Wir wissen darum, welche Depressionen entstehen können, wenn Menschen feststellen, dass sie nicht mehr leistungsfähig und damit, ihrer persönlichen Einschätzung nach, zu nichts mehr nütze sind. Dabei machen wir die Erfahrung von Sinnhaftigkeit viel eher in dem Vergnügen an dem, was nicht nützlich ist: im zweckfreien Spiel, in den Fantasien unserer Träume, in der Lust und dem Spaß am Augenblick.

21. AUGUST
Freizeit ist das halbe Leben

Wir kennen vermutlich alle die Redensart: «Arbeit ist das halbe Leben.» Natürlich ist es notwendig, dass wir für unseren Lebensunterhalt aufkommen, und dazu ist es unumgänglich, einer beruflichen Beschäftigung nachzugehen. Wenn wir es besonders gut getroffen haben, gehen wir gern zur Arbeit, weil uns unser Beruf Spaß macht und uns zugleich mit Erfolgserlebnissen beschenkt. Demgegenüber brauchen wir aber auch die Freizeit, in der wir unverplant und ungeplant das tun und lassen dürfen, wozu wir gerade Lust haben. Da suchen die einen die Stille und die anderen die Abwechslung, die Freude an neuen Eindrücken, die sie ihr eigenes Leben neu erleben und dadurch auch neu beleben lässt.

22. AUGUST
Kleine Freuden des Alltags

Heute hatte ich einen guten Tag. Die Arbeit ließ sich leicht erledigen, die Bedienung im Lebensmittelladen war aufmerksam, der Bankangestellte am Schalter freundlich. Im Café wurde ich zuvorkommend bedient und – rein zufällig – fand ich das richtige Geburtstagsgeschenk für meine beste Freundin. Im Stadtgarten legte ich mich auf eine Wiese und träumte gedankenverloren vor mich hin. Abends setzte ich mich daheim auf den Balkon und las so lange in einem spannenden Buch, bis mich die Sterne vom Himmel grüßten und ich es aufgrund der Dämmerung aus der Hand legen musste. Mit einem Glas Wein nahm ich Abschied von einem Sommertag, der mich mit lauter kleine Freuden beschenkt hatte.

23. AUGUST
Lachen ist gesund

«Lachen ist gesund», so gesund, dass es inzwischen sogar Lachtherapien gibt. Lachen entspannt die Seele und stärkt sogar die Immunabwehr. Aber wann ist uns zum Lachen? Eine besonders komische Situation mag uns vielleicht dazu verlocken, ein völlig absurder Einfall oder ein außerordentlich gelungener Witz. Vielleicht kann man es unter guten Bekannten, Freunden oder sogar mit Arbeitskollegen einüben, sich immer wieder gegenseitig zum Lachen zu bringen. Die fröhliche Atmosphäre, die dabei entsteht, löst uns aus den Anspannungen, die uns oft einmal innerlich gefangennehmen, und befreit uns zu einer Atempause der Freude.

24. AUGUST
sich etwas schenken

Wir kennen die Redensart: «Das kann ich mir schenken», die meint: Darauf kann ich nun wirklich verzichten. Es tut ja manchmal auch gut, bei all den vielfältigen Anforderungen, die der Alltag stellt, gelegentlich einen Termin zu streichen. Das Gleiche gilt natürlich auch für die Überfülle der Freizeitangebote. Auch da können wir einmal etwas auslassen von dem, was wir uns vorgenommen haben. Vielleicht kommen wir dadurch ja bisweilen dazu, uns einen Tag zu schenken, den wir uns freihalten von Ablenkungen aller Art. Ein Tag, um sich Muße zu gönnen und um Freude darin erfahren zu dürfen, dass man einmal wieder ganz bei sich selbst sein kann.

25. AUGUST
Ein Hauch von Zärtlichkeit

Es gibt kaum etwas Schöneres zu beobachten, als Menschen, die zärtlich miteinander umgehen. Da geht ein altes Ehepaar Hand in Hand zusammen einkaufen, und wenn sie einander ansehen, spürt man darin ein tiefes, warmherziges, in vielen Jahren gewachsenes Verstehen. Völlig gegensätzlich sieht demgegenüber die ungestüme Begrüßung eines jungen Pärchens aus, die noch voller leidenschaftlicher Erwartung auf die Erfüllung ihrer gerade erst begonnenen Liebe bebt. Wieder anders gestaltet sich die herzliche Umarmung von Freunden, der man abspürt, wie vertraut sie miteinander sind. Vielleicht sollten wir uns von solchen Szenen dazu bewegen lassen, auch selbst wieder einmal einem anderen lieben Menschen tröstend über das Haar zu streichen oder ganz fest zu drücken.

26. AUGUST
Gute Worte wirken Wunder

Ein gutes Wort kann manchmal Wunder wirken. Wir wissen selbst, wie gut es uns tut, wenn wir ein freundliches Wort hören. Das mag eine herzliche Begrüßung unserer Nachbarn sein, wenn wir nach dem Urlaub wieder nach Hause kommen, eine interessierte und damit im eigentlichen Sinne des Wortes Anteil nehmende Frage, wie es uns, womöglich nach einer Zeit der Krankheit, denn geht oder ein freundliches «Danke» für eine erwiesene Gefälligkeit. Vielleicht mögen uns solche eigenen Erfahrungen auch dazu bewegen, nicht alles für selbstverständlich zu halten. So manches gute Wort kann einen anderen Menschen für einen Augenblick zum Lächeln bringen.

27. AUGUST
Sich manchmal so richtig das Leben nehmen

In unserem Sprachgebrauch wird unter der Formulierung «sich das Leben nehmen» verstanden, dass jemand vorhat, sich umzubringen. Dabei kann man den Satz auch ganz anders verstehen, nämlich als Aufforderung, sich endlich einmal zu trauen, sich etwas vom Leben herauszunehmen. Warum muss man eigentlich, vom beruflichen Bereich einmal abgesehen, ständig das tun, was andere von einem verlangen? Warum versucht man immer wieder so zu sein, wie andere Menschen einen haben wollen? Warum unterdrückt man auf diese Weise einen Teil seiner eigenen Lebendigkeiten? Wer sich selbst wagt und dabei riskiert, auch einmal ein Querkopf gescholten zu werden, wer sich das Leben in aller Fülle und Schönheit nimmt, der findet überquellende Lebensfreude.

EINFACH AUS FREUDE

28. AUGUST
Das Ziel nicht aus den Augen verlieren

Wer schon einmal eine Bergtour gemacht hat, der weiß um deren Anstrengung. Aber er kennt auch das herrliche Gefühl, wenn er endlich den Gipfel erreicht hat und mit einem wundervollen Blick über das umliegende Bergpanorama für seine Mühen belohnt wird.
Manchmal entspricht unser alltägliches Leben solch einer Bergwanderung. Da gibt es bisweilen weite Wege und Durststrecken. Vielleicht möchte man dann und wann auf halber Strecke umkehren, weil man mit so großen Anstrengungen nicht gerechnet hat, weil man den Spaß an der Sache verliert oder fürchtet, das Ziel nicht zu erreichen.
Aber wer unterwegs gelegentlich die Zähne zusammenbeißt und nicht aufgibt, der weiß um das schwindelerregende Gefühl der Freude, wenn man dort angekommen ist, wo man hin wollte und den Lohn der Mühe in Form seines persönlichen Erfolgs feiern kann. ∾

29. AUGUST
«Freut euch des Lebens»!

«Freut euch des Lebens, weil noch das Lämpchen glüht», so beginnt ein alt bekanntes Volkslied, das man vielleicht selbst schon einmal in weinseliger Laune gesungen hat. Vielleicht sollte man es auch in seinem weitgehend nüchternen Alltag gelegentlich für sich selbst anstimmen, dann nämlich, wenn man sich über alle möglichen Kleinigkeiten aufregt und sich dadurch den ganzen schönen Tag verderben lässt.

«Das Lämpchen» glüht ja wirklich nur begrenzte Zeit. Wenn man sich gelegentlich die Endlichkeit seines Lebens vor Augen hält, verschieben sich die Maßstäbe im Blick auf das, worüber es sich aufzuregen lohnt, allmählich von allein und schenken dem Herzen Raum für ungetrübte Lebensfreude.

30. AUGUST
Spaß miteinander haben

Freude hat oft etwas mit Geselligkeit zu tun. Wir erfreuen uns an einem bunten Stadtfest, an einer lustigen Geburtstagsfeier oder an einer fröhlichen Hochzeit. Zum einen sind es die fantasievollen Darbietungen und die fröhliche Atmosphäre, die uns erheitern, zum anderen ist es auch die Freude, überhaupt daran teilzuhaben. Es ist ja immer ein Geschenk, bei einem Fest neue Menschen, wenigstens ansatzweise, kennenlernen zu dürfen, um im Gespräch mit ihnen die eigene bisherige Denkweise erweitern oder vertiefen zu können. Manchmal genügt es aber auch, einfach miteinander an einer gemeinsamen Veranstaltung Spaß zu haben und mit einem fröhlichen Herzen nach Hause zu gehen.

31. AUGUST
Die Früchte der Freude ernten

Manchmal träumt man vielleicht davon, in einem Zauberland leben zu dürfen, in dessen Mitte ein Baum wurzelte, dessen Früchte aus reiner Freude bestünden. Was wäre das für eine Wonne, wenn man dort nur eine der herrlichen Früchte zu pflücken und hineinzubeißen bräuchte, um sich die Freude pur auf der Zunge zergehen lassen zu dürfen.

Nur leben wir leider nicht in diesem Zauberland, sondern auf der Erde, auf der uns oftmals das ein oder andere überhaupt nicht nach Freude schmeckt, sondern eher nach Schweiß oder gar nach Bitterkeit. Wie sehr müssen wir uns bisweilen anstrengen, um uns etwas zu erarbeiten, über das wir uns erst am Ende freuen können. Dennoch: Bisweilen brauchen wir vielleicht nur all unsere Sinne zu verlebendigen, um die Schönheit der Welt zu sehen, zu hören, zu riechen oder auch zu schmecken und dadurch in unserem Herzen tiefe Freude zu verspüren. ❧

SEPTEMBER

einfach gelassen bleiben

1. SEPTEMBER
Loslassen lernen

Gelassenheit einüben hat etwas mit «lassen können», mit «loslassen» zu tun. Vielleicht haben wir uns lange auf ein bestimmtes Ziel fixiert und sind mehr als enttäuscht darüber, dass wir es nicht haben erreichen können. Unsere Frustration kann uns verbittern und dadurch blind werden lassen für andere, vielleicht viel beglückendere Wege, die sich vor uns auftun.

Wir brauchen viel Zeit und Geduld mit uns selbst, bis wir uns von unserem einstigen «Traumziel» innerlich verabschieden und es damit wirklich freigeben können.

Aber mit der neu gewonnenen Gelassenheit wachsen uns auch wieder neue Hoffnungen und Träume zu. Einiges im Leben müssen wir immer wieder loslassen und aufgeben, um unsere eigentliche, uns ins Herz geschriebene Lebensaufgabe wirklich finden zu können. ∾

2. SEPTEMBER
Cool bleiben

«Sei cool» ist in unserer heutigen Zeit eine Art Synonym für: «Reg dich nicht auf», oder: «Bleib gelassen!» Das ist oft leichter gesagt als getan. Es gibt Situationen, in denen uns gleichsam «der Kragen platzen» möchte.

Manchmal können wir uns das leisten und fühlen uns danach wesentlich erleichtert. Aber es gibt immer wieder Augenblicke, in denen wir wissen, dass ein Wutausbruch viel Porzellan zerschlagen würde. Wir müssen uns beherrschen und unseren Ärger zunächst hinunterschlucken.

Wenn wir innerlich ruhiger geworden sind, können wir uns vielleicht fragen, aus welchen Gründen uns die anderen zur «Weißglut» gebracht haben. Sofern wir Verständnis dafür aufbringen, können wir auch wieder «cool» und damit zugleich fähig werden, mit der misslichen Situation souverän umzugehen.

3. SEPTEMBER
Mit dem linken Bein aus dem Bett gestiegen

Es gibt Tage, an denen man das Gefühl hat, dass man, sprichwörtlich gesagt, mit dem linken Bein aus dem Bett gestiegen ist. Der Frühstückstoast verbrennt, die Kaffeemaschine geht kaputt und man verpasst die Straßenbahn. Durch die zu späte Ankunft bei der Arbeitsstelle ist weiterer Ärger schon vorprogrammiert: Der Chef erteilt eine Rüge und man selbst lässt seine schlechte Laune an den Kolleginnen und Kollegen aus, die entsprechend unfreundlich darauf reagieren. Vielleicht erweist es sich als hilfreich, in solchen Situationen für ein paar Minuten die Augen zu schließen, tief durchzuatmen und an etwas ganz besonders Schönes zu denken, das man unlängst erlebt hat. Die aufsteigende Freude darüber kann helfen, die Missgeschicke dieses Tages so weit «wegzustecken», dass die restlichen Stunden für sich und die anderen wenigstens erträglich werden können.

4. SEPTEMBER
Auch Rom wurde nicht an einem Tag erbaut

Lange haben wir auf diesen Augenblick gewartet: Endlich wird eine große Aufgabe an uns herangetragen, die eine echte Herausforderung bedeutet.
Zunächst reagieren wir euphorisch und machen uns die ersten Gedanken und Notizen. Dann überkommt uns plötzlich Panik: Werden wir dieser Aufgabe überhaupt gewachsen sein? Haben wir uns selbst überschätzt? Wären andere dazu vielleicht besser geeignet als wir?
Unsere Selbstsicherheit wird von Minderwertigkeitsängsten überschwemmt.
Vielleicht sollten wir Papier und Stift dann erst einmal guten Gewissens aus der Hand legen und einen Spaziergang machen und, wie man oft sagt, eine Nacht darüber schlafen. Am kommenden Tag werden uns schon die ersten richtigen Einfälle kommen. Und so, wie Rom nicht an einem Tag erbaut worden ist, haben wir ja auch noch einige Zeit, bis wir mit der Arbeit fertig sein müssen. ↬

5. SEPTEMBER
Sich nicht zum Packesel machen lassen

Manchmal fühlen wir uns wie ein Esel, der mit schwerem Gepäck beladen mühsam zum Berggipfel hinaufstapfen muss und dabei auch noch angetrieben wird. Natürlich gibt es Ärger und Sorgen, die uns zu schaffen machen, die wir zu tragen, auszuhalten und zu bewältigen haben. Und manches Mal setzen wir uns dabei dann zusätzlich auch noch selbst unter Druck. Einiges aber dürfen wir leicht nehmen.

Welche Rolle spielt schon ein Fleck auf der Krawatte, eine verlorene Kette, ein versäumter Termin, eine verlegte Theaterkarte? Mögen wir das Gepäck des letztlich Bedeutungslosen abwerfen, damit wir frei werden, um die wesentlichen Probleme ertragen und bewältigen zu können.

6. SEPTEMBER
Wie viele Pferde braucht der Mensch?

Es gab einmal eine Werbung, in der sich zwei alte Schulfreunde nach Jahren wieder trafen und sich gegenseitig zu übertrumpfen versuchten, indem sie sich Fotos von ihren Besitztümern zeigten: «Mein Haus, meine Jacht, mein Pferd.» Diese Reklame spiegelt die Denkweise unserer Gesellschaft wider: Wie oft erliegen wir der Versuchung, unseren menschlichen Wert an der Anhäufung unserer Besitztümer abzulesen nach dem Motto «Ich bin, was ich habe». Können wir aber auch mit dem besten Anlageberater die erträumten Konsumziele nicht verwirklichen, schielen wir neidisch auf diejenigen, die es nach außen hin zu mehr gebracht haben als wir selbst.
Freuen wir uns doch lieber an unseren Begabungen und an dem, was uns als Menschen auszeichnet, und folgen damit voller Gelassenheit den Worten von Sokrates: «Wie zahlreich sind doch die Dinge, derer ich nicht bedarf.»

7. SEPTEMBER
Vierundzwanzig Stunden reichen für einen Tag

Manchmal fühlen wir uns überfordert. Wir haben so viel zu erledigen, dass die Stunden des Tages dazu kaum ausreichen. Der Druck verfolgt uns bis in die Nacht und raubt uns dadurch den dringend nötigen Schlaf. Vielleicht hilft ein gut durchstrukturierter Stundenplan. Alle erledigten Arbeitsstunden können wir ausstreichen und uns dadurch ein sichtbares Erfolgserlebnis bereiten. Auf jeden Fall sollte an jedem Tag eine Stunde Freizeit eingetragen werden, in der wir uns mit etwas Schönem verwöhnen dürfen. Manches geht nach einer schöpferischen Pause umso schneller. An gut sichtbarem Platz bringen wir zudem ein Plakat an mit den Worten eines afrikanischen Sprichworts: «Du weißt nicht, wie schwer die Last ist, die du nicht trägst.»

8. SEPTEMBER
Gelassen bleiben, ohne bequem zu werden

«Man muss alles so nehmen, wie es kommt, und dann versuchen, das Beste daraus zu machen», meinte eine junge Frau resigniert. Sie begründete diese Haltung damit, dass sie, vor allem in beruflicher Hinsicht, alles Mögliche unternommen habe, um ihre gegenwärtige Situation zu verändern, doch leider ohne Erfolg. Sicher kennen wir vergleichbare Enttäuschungen. Und doch müssen wir unterscheiden lernen zwischen dem, was wir nicht ändern und mit Gelassenheit ertragen lernen müssen und dem, worum wir uns täglich neu bemühen sollten. Es könnte fatale Auswirkungen für unser Leben haben, wenn wir unsere Hände zu früh in den Schoß legen würden.

9. SEPTEMBER
Humor ist, wenn man trotzdem lacht

Da fällt ein wertvoller Porzellanteller aus den Händen und zerspringt in tausend Scherben. Darüber könnte man sich nun stundenlang ärgern oder ausrufen: «Scherben bringen Glück!» Man holt den Besen und kehrt die Reste schmunzelnd zusammen. «Humor ist, wenn man trotzdem lacht», lautet ein altes Sprichwort, ein anderes: «Mit Humor geht alles besser.» Und da ist etwas dran. Wenn man die Missgeschicke, die einem nun einmal passieren, mit Humor nehmen kann, dann hat man zwar vielleicht einmal einen Haufen Scherben im Mülleimer, aber man hat sich dadurch dennoch nicht seine gute Laune und schon gar nicht den Rest des Tages verdorben.

10. SEPTEMBER
So schnell geht die Welt nicht unter

Bekanntlich sind die Genforscher dabei, das Altersgen zu analysieren in der Hoffnung, den Menschen eines Tages unsterblich zu machen. Aber derzeit ist der «Rest» unseres Lebens recht überschaubar. Lohnt es sich vor diesem Hintergrund, sich darüber aufzuregen, ob ein Schüler oder eine Mitarbeiterin des Öfteren zu spät kommt, ob jemandem im Betrieb ein Fehler unterläuft, ob wir selbst an entscheidender Stelle einmal versagt haben? Natürlich ist ein hohes Maß an Gewissenhaftigkeit notwendig, damit Arbeitsprozesse und das Zusammenleben in Gemeinschaften funktionieren können. Aber wenn dennoch ein Versäumnis oder ein Fehler geschieht, wird die Welt darüber gewiss nicht untergehen.

11. SEPTEMBER
Ein Leben für den Nagellack

Es war einmal ein Mann, der schon in seiner Jugend große Karrierepläne hatte. Er arbeitete unablässig. Kaum hatte er seinen Doktortitel erworben, strebte er in einem namhaften Kosmetikkonzern, in dem er eine Anstellung fand, die Position eines Gruppenleiters an. Nachdem er diese bekommen hatte, verbiss er sich in das Ziel, Abteilungsleiter werden zu wollen. Schon während der Beförderungsfeier begann er sich damit zu beschäftigen, wie er es zum Prokuristen bringen könne. Über viele Jahre hin gönnte er sich weder Ruhe noch Muße. Mitten in einer Geschäftsbesprechung ereilte ihn ein Herzinfarkt. «Wir werden ihm stets ein ehrendes Andenken bewahren», sagte sein Chef bei der Kranzniederlegung am Grab. Bleibt die Frage offen, was der Verstorbene noch davon hat.

12. SEPTEMBER
Schenke dir schöpferische Pausen

Bisweilen lassen wir uns ununterbrochen von anderen Menschen oder von irgendwelchen Aufgaben gefangennehmen, ohne uns zwischendurch eine Pause zu gönnen. Und dann wundern wir uns eines Tages, wenn wir plötzlich erschöpft und müde sind und möglicherweise krank werden. Natürlich sind berufliche Arbeit oder irgendeine Art aktiver Lebensgestaltung durchaus notwendig für ein gelingendes Leben. Auf der anderen Seite bedarf es aber auch immer wieder der Phasen der Ruhe, des inneren Loslassens von allen äußeren Zwängen, damit wir zu innerer Gelassenheit kommen und neue Kräfte auftanken können.

13. SEPTEMBER
Sich in Geduld üben

Auf die Schnelle wollen wir gerade noch etwas im Supermarkt besorgen. Wir packen das, was wir brauchen, in einen Einkaufswagen und eilen zur Kasse. Einem geheimen inneren Gesetz zur Folge stellen wir uns dort an, wo es am längsten dauert. Ein Blick auf die Uhr verrät uns, dass wir den nächsten Bus nicht mehr erreichen werden. Also bleibt uns nur, aus der Not eine Tugend und aus dem ungeduldigen Warten ein Spiel zu machen. Wir beobachten die Menschen, die vor uns stehen. Was verraten uns ihr Aussehen und Verhalten über ihr Seelenleben? Denn hinter jedem Gesicht verbirgt sich ja eine ganze Geschichte. Dieses Fantasiespiel kann uns so stark in Anspruch nehmen, dass uns die Warteschlange plötzlich fast zu kurz erscheint. ☙

14. SEPTEMBER
Wenn die Entscheidung schwerfällt

Wir stehen vor einer schweren Entscheidung. Vielleicht haben wir uns ja eine Liste gemacht mit den jeweiligen Vor- und Nachteilen, die uns erwarten. Am besten ist es, wenn wir einen lieben Menschen bitten, mit uns einen Spaziergang zu machen, auf dem wir alle Punkte noch einmal ausführlich durchsprechen können. Wenn wir anderen etwas erläutern müssen, fallen uns selbst auch wieder neue Argumente ein, auf die wir zu Hause am Schreibtisch gar nicht gekommen sind. Die gleichmäßige Bewegung an der frischen Luft trägt das ihre dazu bei, die inneren Verkrampfungen zu lösen, um die richtige Entscheidung treffen zu können. ☙

15. SEPTEMBER
wenn aus der ersehnten Ruhe nichts wird

Endlich ist das ersehnte Wochenende da, an dem man gute Freunde besuchen will. Für die mehrstündige Fahrt im Zug hat man frühzeitig einen Fensterplatz gebucht, um die herrliche Landschaft unterwegs in Ruhe genießen zu können. Man bringt den Sitz in eine bequeme Lage und döst vor sich hin, als eine Schulklasse in den Waggon stürzt. Der Versuch, einen anderen Platz zu ergattern, scheitert schmählich. Da bleibt einem nur, nach innen «auszuwandern»: Mit Hilfe eines spannenden Buches oder durch ein lustvolles Ausfantasieren von Träumen kann es gelingen, sich so weit in andere Inhalte zu vertiefen, dass man wirklich «abzuschalten» vermag und den äußeren Lärm nicht mehr bemerkt. ∞

16. SEPTEMBER
worüber wir uns manchmal so aufregen

Eines Abends treffen sich zwei Bekannte zufällig in einer Kneipe. «Wie geht es dir?», fragt der erste. «Miserabel», antwortet dieser, «heute hat mir jemand eine Schramme an meinen Sportwagen gefahren. Der Wagen ist nagelneu. Jetzt kann ich ihn in die Werkstatt bringen, wo ich doch nächste Woche damit an die Riviera fahren wollte! Daraufhin musste ich mir erst einmal ein Bier genehmigen. Und wie geht es dir?», fragt er nach einer Pause. «Ich bin der glücklichste Mensch der Welt», antwortet sein Gegenüber strahlend. «Heute wurde unser Sohn an Krebs operiert und die Ärzte meinen, dass er gute Chancen hat, wieder ganz gesund zu werden. Vor Freude darüber habe ich mich jetzt zu einem Glas Bier eingeladen.» ∞

17. SEPTEMBER
Es gibt Schlimmeres

Seit langem haben wir uns auf ein ganz besonderes Konzert gefreut. Es war mühsam, dafür Karten zu ergattern. Und nun hat uns, einen Tag vor dem großen Ereignis, eine Grippe ans Bett gefesselt. Die Enttäuschung nagt an uns. Dass wir einer Freundin eine große Freude damit machen, an unserer Stelle dorthin gehen zu können, tröstet uns wenig. Vielleicht kann man sich in solchen Situationen nur sagen: «Es gibt Schlimmeres», denn so banal, wie diese Aussage klingen mag, sie stimmt. Helen Keller hat einmal formuliert: «Ich weinte, weil ich keine Schuhe hatte, bis ich einen sah, der keine Füße hatte.» Wir werden sicher in Kürze wieder «auf die Beine kommen» und haben Schuhe, in denen wir schon bald etwas Schönes unternehmen können.

18. SEPTEMBER
Jeder Mensch macht Fehler

Es gibt einen Kalenderspruch mit den Worten: «Wer wenig arbeitet, macht wenig Fehler, wer viel arbeitet, macht viele Fehler.» Vielleicht sollte man sich diese treffenden Aussagen vor Augen halten, wenn einem selbst gerade ein größerer Irrtum unterlaufen ist. Anstatt sich mit Schuldgefühlen zu quälen, könnte man seine Energien für Fantasien verwenden, wie man seinen Fehler wieder gutmachen kann, um den Schaden zu begrenzen. Auch aufrichtige Gespräche und Worte der Entschuldigung können helfen, die unangenehme Geschichte schnell wieder aus der Welt zu schaffen, um die bedrückende Last loslassen und neu aufatmen zu können.

EINFACH GELASSEN BLEIBEN

19. SEPTEMBER
Pech im Spiel ...

An einem warmen Sommerabend trafen sich einige Freundinnen und Freunde zu einem gemütlichen Essen. Nachdem sie einander von den letzten Ereignissen in ihrem Leben erzählt hatten, schlug einer vor, gemeinsam etwas zu spielen. Sie entschieden sich für ein Würfelspiel. Dabei ergab es sich, dass eine Frau ständig verlor. «Das ist doch nur ein Spiel», versuchten die anderen, sie zu trösten, aber ohne Erfolg. «Pech im Spiel, Glück in der Liebe», meinte eine ihrer Freundinnen schließlich. «Dann lasst mich noch einmal verlieren», erwiderte sie errötend, zugleich mit einem Lächeln im Gesicht. Aber wie das Leben so ist: Von nun an gewann sie bei jeder Runde. ∞

20. SEPTEMBER
Der letzte Tag der Reise

Mein damaliger Freund und ich studierten noch, als wir in den Semesterferien einen Kurzurlaub nach Paris gebucht hatten. Nach einer wunderschönen Woche fanden wir uns abends spät zur Abreise am Bahnhof ein. Doch was nicht kam, war unser Zug. Wir blätterten noch einmal in unseren Reisepapieren: Datum und Gleisnummer stimmten. Schließlich suchten wir die Fahrkarten heraus – und auf denen stand das Datum vom kommenden Tag. Was nun? Wir hatten kaum noch Geld. Meinem Freund gelang es, zu mitternächtlicher Stunde ein preiswertes Nachtquartier zu finden. Am kommenden Tag bummelten wir erst noch einmal über die Champs Elysée, später kauften wir uns von unseren letzten Francs eine Flasche Wein und ein Baguette und genossen beides bei mildem Spätsommerwetter auf einer Wiese an der Seine. ∞

21. SEPTEMBER
«Pleiten, Pech und Pannen»

Ach, du liebe Zeit: Gerade will man sich auf den Weg zum Theater machen, da bewegt man sich ungeschickt, und das Abendkleid reißt ein. Oder: Man hat gute Bekannte zu einem edlen Essen zu sich nach Hause eingeladen und die Suppe brennt an. Oder: Man verliert einen besonders wertvollen Kugelschreiber. Das alles ist sicherlich für uns Menschen in der westlichen Welt mehr als ärgerlich. Vielleicht hilft in solchen Situationen ein Blick in die armen Länder auf der Südhalbkugel. Dort wären viele Menschen froh, sie hätten überhaupt Kleidung zum Wechseln, ein warmes Essen auf dem Tisch und die Möglichkeit, mit einem Bleistift und anderen einfachen Mitteln schreiben zu lernen.

22. SEPTEMBER
Das Leben von seiner heiteren Seite nehmen

Es ist eine besondere Form der Lebenskunst, das, was uns bedrückt oder Sorgen macht, für eine Weile abzuschütteln und das Leben von seiner leichten und heiteren Seite zu nehmen. Wie himmlisch ist die Freude an lockerer Geselligkeit, an Festen und Feiern, an Witzen und lustigen Geschichten, an Tanz, Spaß und Spiel. Wenn wir dann auch noch genügend Humor besitzt, um über uns selbst und die Missgeschicke, die uns schon passiert sind, lachen zu können, haben wir dem Ernst des Lebens die Lanze gebrochen und können auch unseren Problemen mit neuer Gelassenheit begegnen.

23. SEPTEMBER
Den anderen lassen, wie er ist

Je näher wir einen Menschen kennenlernen, umso sichtbarer werden uns auch die Seiten an ihm, die wir, bei aller Sympathie oder sogar Liebe, nicht mögen. Seine Unordnung zum Beispiel, seine Unpünktlichkeit oder sein schnell aufbrausendes Temperament. Natürlich werden wir ihn darauf ansprechen. Vielleicht lässt sich hier und da ein Kompromiss erwirken: dass die Zahnpastatube und die Sprudelflasche in Zukunft eben doch richtig zugedreht werden. Aber wir werden ihn nicht grundsätzlich in seinem Wesen in der Weise ändern können, dass er sich unseren Vorstellungen anpasst. In manchen Situationen ist es leichter, wenn man tief Luft holt und bei sich denkt: Er ist nun einmal so wie er ist, lass ihn doch.

24. SEPTEMBER
«Versuch's mal mit Gemütlichkeit ...»

Vielen ist sicherlich der Film «Das Dschungelbuch» bekannt, in dem der Bär Balu tanzend singt: «Versuch's mal mit Gemütlichkeit, mit Ruhe und Gemütlichkeit.» Eigentlich eine nachahmenswerte Idee: Wenn wir gestresst nach Hause kommen, schalten wir unsere Lieblingsmusik ein und wagen dazu in der Art und Weise, die für uns gerade stimmig ist, einen freien Tanz. Manche Anspannungen des vergangenen Tages können sich dadurch, auch körperlich, in uns lösen. Vielleicht bekommen wir sogar Lust, die Melodien mitzusummen oder mitzusingen. Anschließend verwöhnen wir uns mit einem guten Abendessen und einem Glas Wein. Dann verfolgen wir den Rat des Bären weiter, indem wir uns einfach nur Ruhe gönnen.

25. SEPTEMBER
wir selbst sind auch keine Engel

Da hat uns ein Mensch, für den wir uns sehr eingesetzt haben, zutiefst verletzt, und wir sind außer uns vor Wut. Wir haben schon den Telefonhörer in der Hand, um ihm unseren Zorn unmittelbar mitzuteilen. Vielleicht sollten wir damit aber noch eine kleine Weile warten und einen Rückblick in das eigene Leben riskieren. Haben wir uns nicht selbst schon einmal ähnlich verhalten? Haben wir nicht auch andere Menschen, die es gut mit uns gemeint hatten, aus Gedankenlosigkeit heraus gekränkt oder vor den Kopf gestoßen? Solch eine kurze Besinnungspause lässt uns zu der Einsicht gelangen, dass wir selbst auch keine Engel sind. Nun können wir getrost die Nummer des anderen wählen. Aus dem Sturm der Entrüstung ist inzwischen vermutlich ein lauer Wind geworden.

26. SEPTEMBER
kostbare stunden bewahren

Man kommt von einem Urlaub, einer Feier oder einer Tagung wieder nach Hause und ist ganz erfüllt von den vielen neuen Eindrücken, die man gewonnen hat, von den Begegnungen, die einem geschenkt worden sind, von den Gefühlen, die einen bewegt haben. Solche Erfahrungen sollte man noch eine Weile in sich nachklingen lassen. Man kann zum Beispiel einen Reisebericht schreiben, die Fröhlichkeit des erlebten Festes in der Fantasie weiterträumen oder einzelne Gedanken, die einem besonders wichtig geworden sind, zu Papier bringen, damit sich die Erinnerung an die kostbaren Stunden in das alltägliche Leben einfügen und es aufheitern und beseelen kann.

27. SEPTEMBER
«Stirbste nicht von!»

Während meiner Kindheit verbrachte ich meine Sommerferien mehrfach in einem Kindererholungsheim. Ich konnte Tomatensalat nicht ausstehen, aber die Erzieherin kannte diesbezüglich keine Gnade: «Stirbste nicht von» lautete ihr Standardspruch, und ich musste den Teller leer essen. Sie hatte Recht, ich bin nicht daran gestorben. Solche rigiden Erziehungsmaßnahmen sind heute hoffentlich nicht mehr üblich. Doch die Parole: «Stirbste nicht von» ist bei mir haften geblieben. Was ist letztlich schon schlimm daran, wenn man den Regenschirm vergisst und in dem besten Kleid vom Gewitter überrascht wird? Und wenn kein Sprudel da ist, kann man seinen Durst auch einmal mit Leitungswasser löschen: «Stirbste nicht von!»

28. SEPTEMBER
Leben bleibt immer Fragment

Wir reden gern von der Ganzheitlichkeit, die wir erlangen möchten. Wir werden sie aber sicher schon gar nicht dann erreichen, wenn wir sie erzwingen wollen. Unser Leben ist und bleibt immer fragmentarisch. Wir dürfen uns durchaus frohen Herzens an unseren Unfertigkeiten, an unseren Halbheiten ergötzen. So wie sich das Licht auch in den Splittern eines Spiegels bricht und uns, oft momenthaft nur, auffunkelt, so leuchtet uns auch in den Bruchstücken und Brüchen unseres Daseins so viel Licht auf, dass wir wagen können, wieder neu zu träumen. Auf Ganzheitlichkeit wachsen wir ein Leben lang hin, bis wir uns im großen Ganzen, in der Güte des Seinsgrundes, in Gott wahrnehmen und wiederfinden.

29. SEPTEMBER
Dem Älterwerden gelassen entgegensehen

Es liegt in der Natur der Dinge, dass wir älter werden und sich damit zugleich kleinere oder auch größere Beschwerden einstellen. Eine Redensart lautet: «Wenn du ab fünfzig morgens aufwachst und dir nichts weh tut, bist du tot.» Sicherlich gibt es viele Menschen, die ernsthafte gesundheitliche Probleme haben. Aber wie gehen wir mit unseren so genannten Wehwehchen um? Lohnt es sich da, jedes Mal zu klagen, wenn es einen mal hier oder da zwickt? Mit etwas Gelassenheit können wir uns durch geistige Aktivitäten und Dinge, die uns Spaß machen, gut von diesen ersten Altersbeschwerden ablenken. Richten wir unseren Blick lieber auf die Dinge, die wir noch tun können, als auf die, die uns nicht mehr möglich sind. ∞

30. SEPTEMBER
Gefahren einschätzen können

Es war einmal ein Gnu, das in der Savanne in der Nähe eines Affenbrotbaumes gemütlich äste. Plötzlich erblickte es in unmittelbarer Nähe einen Löwen. «Nanu?», fragte der Löwe erstaunt, «du siehst mich und ergreifst nicht die Flucht vor mir?» «Warum sollte ich?», erwiderte das Gnu gelassen. «Ich habe beobachtet, wie du eben in aller Seelenruhe ein Zebra gefressen hast. Das sättigt dich so sehr, dass du mir im Augenblick sicherlich nicht nach dem Leben trachtest.» Der Löwe war überrascht über so viel Lebensweisheit und ließ sich im Schatten einer Schirm-Akazie nieder, um seinen Verdauungsschlaf zu halten. Das Gnu hingegen speiste derweil in aller Seelenruhe weiter. ∞

OKTOBER
einfach aus freundschaft

1. OKTOBER
Freundschaften sind ein Geschenk

«Wahre Freundschaft ist ein Geschenk; sie fällt einem trotzdem nicht in den Schoß, aber um den Hals», lautet eine Redensart. Man kann versuchen, eine Freundschaft zu einem anderen Menschen aufzubauen, aber ob dieser ebenfalls den Wunsch nach einer vertrauten Beziehung hat, bleibt ungewiss. Wenn einem aber das Geschenk einer tiefen Freundschaft zuteil wird, braucht es Rücksichtnahme und behutsame Pflege. Man darf den anderen ja nicht nur von den eigenen Bedürfnissen her beanspruchen, sondern ist immer wieder gefordert, auch auf die Wünsche des anderen einzugehen und seine Grenzen zu respektieren. Aber im gegenseitigen, einfühlsamen Zusammenspiel von Nähe und Distanz kann die freundschaftliche Beziehung einer zart fühlenden Umarmung gleichen. ∞

2. OKTOBER
Spaß miteinander haben

Es ist schön, wenn man zusammen mit Freundinnen und Freunden bisweilen den so genannten Ernst des Lebens vergessen kann, um fröhlich und ausgelassen beieinander zu sein und dann und wann herzhaft aufzulachen. Wenn man sich miteinander dem Vergnügen, dem Spaß und dem Spiel widmet, Blödsinn treibt und Witze erzählt, dürfen die Diskussionen über die Probleme der Welt auch einmal außen vor bleiben. Solche heiteren Zeiten können einen Luft holen und fröhlich aufatmen lassen zwischen all den strengen Anforderungen, die sonst täglich an einen gestellt werden. ∞

3. OKTOBER
Lebenshilfe erfahren

Freundschaften sind Orte, an denen man sich wohlfühlt. Die seelische Verwandtschaft, die man empfindet, schenkt einem das Gefühl von Geborgenheit. Man spürt, dass man sich das, was einen zutiefst bewegt, von der Seele reden kann, ohne dabei unterbrochen oder womöglich gar mit moralischen Vorbehalten konfrontiert zu werden. Wer einem anderen wirklich Freundin oder Freund ist, hört aufmerksam zu und versenkt sich innerlich in die Fragestellungen seines Gegenübers. Er kommt nicht mit billigen Ratschlägen, sondern versucht, den Freund oder die Freundin durch einfühlsames Zuhören auf dem Weg zu einer eigenen Lösung des Problems zu begleiten.

4. OKTOBER
Gemeinsam schaffen wir es

«Ich weiß nicht, wie ich diese Klassenarbeit heute schaffen soll», meinte Sara. «Warum, du bist doch gut in Mathe», erwiderte Matthias. «Wenn du wüsstest, was bei uns zu Hause los ist.» Sara war den Tränen nahe. «Meine Eltern wollen sich trennen. Jeden Tag gibt es heftigen Streit. Beide wollen das Sorgerecht für uns Kinder. Ich weiß nicht, wie es mit meinem Bruder und mir weitergehen wird. Wie soll ich mich da noch hinsetzen und in Ruhe für eine Klassenarbeit lernen können.» Es läutete zur Stunde. «Weißt du was», sagte Matthias, ohne weiter auf Saras Ausführungen eingehen zu können. «Du setzt dich jetzt während der Arbeit neben mich und ich schiebe dir die Lösungsblätter so zu, dass niemand etwas merkt. Das werden wir schon hinkriegen.»

5. OKTOBER
Zeit lassen können

Lange Zeit haben wir nichts mehr von einer alten Freundin gehört. Irgendwann fangen wir an, uns darüber Gedanken zu machen, ob wir sie gekränkt oder verletzt haben könnten.
Wir rufen sie an und fragen nach. Sie erzählt uns, dass sie zurzeit sehr überlastet ist und für private Begegnungen weder Zeit noch Kraft hat. Die Schilderung ihrer Situation nimmt uns die Angst, unwissentlich etwas falsch gemacht zu haben. Wir selbst kennen ja auch Zeiten, in denen wir so beansprucht gewesen sind, dass unsere Freundinnen und Freunde nichts mehr von uns gehört und gesehen haben.
Aufgrund dieser Erfahrungen können wir ihr den Abstand einräumen, den sie braucht, bis wir beide wieder Zeit für eine neue Begegnung finden. ∾

6. OKTOBER
Enttäuscht werden

Manchmal haben wir ein Problem, von dem wir meinen, dass wir es mit einem vertrauten Menschen besprechen könnten. Wir rufen jemanden, um uns unseren Kummer von der Seele zu reden.
Aber wir kommen gar nicht zu Wort. Am anderen Ende der Leitung werden uns so viele Neuigkeiten aus dem eigenen Leben erzählt, dass wir selbst verstummen. Wir werden überhaupt nicht nach dem Grund unseres Anrufs gefragt. Wir hören dem anderen eine Weile zu und beenden dann das Telefonat, ohne dass wir selbst etwas von den eigenen Problemen hätten preisgeben können.

Enttäuscht sitzen wir daheim auf dem Sofa und fragen uns, ob der Mensch, den wir angerufen haben, überhaupt nicht gespürt hat, wie sehr wir im Augenblick ihn und seine Hilfe gebraucht hätten. ༄

7. OKTOBER
sich gegenseitig kritisieren können

Es ist nie leicht, Kritik einzustecken. Man fühlt sich schnell bloßgestellt und hat das Gefühl, sich schämen zu müssen. Plötzlich entstehen Zweifel an dem Wert der eigenen Arbeit oder – noch schlimmer – an sich selbst.
Im Freundeskreis fällt es uns meistens leichter, kritische Worte anzunehmen oder auch auszusprechen. Wir kennen uns untereinander und wissen gegenseitig um unsere besonders empfindsamen und verletzlichen Seiten. Wir können deshalb für unsere Einwände und Beanstandungen eine ganz behutsame, ja sogar liebevolle Wortwahl finden, mithilfe derer wir uns untereinander nicht wehtun, sondern möglicherweise sogar gegenseitig eine Tür in uns öffnen, durch die sich unsere bisherigen Blickrichtungen verändern. ༄

8. OKTOBER
sich angenommen fühlen

Bisweilen geht es uns so schlecht, dass wir nach Trost und Ermutigung hungern. Wir sehnen uns danach, dass uns jemand ein freundliches und bestätigendes Wort zuspricht, das uns in unserer Verlorenheit auffängt und uns in unseren Verkrümmungen wieder aufrichtet. Wer ist da besser geeignet als die Freundinnen und Freunde, denen wir uns in unserem Kummer anvertrauen dürfen. Endlich können wir die im Alltag mühsam aufrecht erhaltene Fassade von Freundlichkeit fallen lassen und uns so zeigen, wie uns wirklich zumute ist. Wie gut tut es, wenn wir spüren, dass wir von Menschen auch in dunklen Zeiten verstanden und angenommen werden. ༄

9. OKTOBER
Mehr als ein soziales Netz

«Freundschaften sind notwendig, um ein soziales Netz zu haben, das einen auffangen und Halt geben kann, wenn es einem schlecht geht, damit man nicht Gefahr läuft, in das so genannte dunkle Loch abzustürzen.» Mit solchen oder ähnlichen Worten erklären Psychologen und Soziologen die Notwendigkeit von Freundschaften. Das stimmt natürlich. Dennoch stört etwas an dieser Aussage. Man wird den Eindruck nicht los, als ob Freundschaften hier im Wesentlichen in ihrer sozialen Funktion eine Rolle spielen. Die Beziehungen zu Menschen, die einem nahe stehen, sind aber tiefer und vielschichtiger. Sie sind zuallererst von Gefühlen der Zuneigung getragen und umfassen den ganzen Menschen in einem steten wechselseitigen Prozess von Geben und Nehmen. ༄

10. OKTOBER
Freundinnen und Freunde packen mit an

Eine Frau erzählte von der Zeit ihres Umzugs. Mit Unmengen an Kartons stand sie in ihrer Wohnung und begann, Bücher und Geschirr einzupacken. Doch nach stundenlanger Arbeit hatte sie das Gefühl, kaum vorangekommen zu sein. Sie geriet in Panik, weil sie merkte, dass sie der Anstrengung allein nicht gewachsen war. Nach kurzer Pause wählte sie die Nummer einer ihrer Freundinnen und bat um Hilfe. Es verging kaum eine Stunde, als die Freundin, zusammen mit einem weiteren kräftigen Helfer, vor der Tür stand. Gemeinsam machte die Arbeit sogar Spaß. Und als fast alles verstaut war, reichten die Abendstunden sogar noch für den Besuch eines Biergartens, in dem man den Tag miteinander entspannt ausklingen ließ.

11. OKTOBER
Wenn Sorgen guttut

Wenn wir krank sind und nicht mehr unseren üblichen Lebensrhythmus haben, fühlen wir uns nach einigen Tagen wie abgeschnitten von der Welt. Wenn wir nicht ans Bett gefesselt sind oder schlafen, vegetieren wir antriebslos vor uns hin und warten darauf, dass die Zeit vergeht. Wir gut tut es dann, wenn Kolleginnen und Kollegen sich telefonisch nach unserem Befinden erkundigen, Nachbarn ein warmes Essen bringen, Freundinnen und Freunde uns besuchen und Zeit für ein Gespräch mitbringen. Wenn wir spüren, dass sich liebe Menschen um uns sorgen, fühlen wir uns in Geborgenheit gebettet. Solche Erfahrungen tragen mindestens ebenso viel zu unserer Genesung bei wie Schlaf, Ruhe und Medizin.

12. OKTOBER
Freundschaft bringt Energien ins Fließen

«Keine Straße ist lang mit einem Freund an der Seite», so lautet eine Redensart. Zusammen mit Menschen, die unserem Herzen vertraut sind, kennen wir keine Langeweile. Wir haben einander immer etwas zu erzählen. Manchmal geschieht sogar Erstaunliches: Der andere berichtet uns ein Ereignis aus seinem Leben, und im gleichen Augenblick spüren wir, dass er uns damit unbewusst die Lösung für eines unserer eigenen Probleme zuspielt. Solche Erfahrungen lassen uns innerlich aufblühen und bringen unsere Energien ins Fließen. Die Wellen der Sympathie und der Dankbarkeit über solche lebendige Nähe lassen uns noch vertrauter miteinander werden als bisher. Sie berühren unser Herz und erfüllen uns mit Glück.

13. OKTOBER
Sich gegenseitig Mut machen

Da hat man plötzlich einen kreativen Einfall, aber man zögert aus den unterschiedlichsten Gründen, ihn in die Tat umzusetzen: Einmal fehlt einem grundsätzlich der Mut dazu, dann wieder die Überzeugung von der Besonderheit der eigenen Idee, ein andermal mangelt es an der nötigen Fantasie.
In solchen Situationen tut es gut, wenn einem Freundinnen oder Freunde den Rücken stärken und einen immer wieder ermutigen: «Probiere es wenigstens aus!» Vielleicht haben sie sogar Lust daran, die Verwirklichung der Idee mitzuplanen. Wie viel Spaß kann es machen, gemeinsam Fantasien zu entwickeln und zusammen mit Freundinnen und Freunden in die Tat umzusetzen.

14. OKTOBER
Einander verzeihen können

Natürlich bleibt es in Freundschaften nicht aus, dass man miteinander streitet und sich dabei auch gegenseitig kränkt. Vielleicht hoffen wir auf ein schnelles «Ist schon vergessen und vergeben», weil wir dann nicht zu unserer eigenen Schuld stehen müssten. Aber oftmals ist eben nicht alles «vergessen oder vergeben», sondern nur verdrängt und schwelt unter der Oberfläche weiter. Wie gut ist es, wenn wenigstens einer von beiden den Mut hat, die Schwelle des Zorns oder auch der Scham zu überwinden und den ersten Schritt zu einer offenen Aussprache zu wagen. Nach einem klärenden Gespräch ist beiden wohler, und man kann die Freundschaft unbeschwert fortsetzen, ohne sich gegenseitig noch etwas nachzutragen.

15. OKTOBER
Dem anderen seine Erfolge gönnen

Niemand ist frei von Neid, denn jede gute Leistung eines anderen stellt uns ja in dem, was wir selbst hervorbringen, in Frage. Das ist ein Problem, das natürlich auch Freundschaften belasten kann. Plötzlich hat die oder der andere mehr Glück und Erfolg in seinem Leben als wir selbst. Wie können wir mit solchen Erfahrungen umgehen? Sind wir selbstbewusst und stark genug, dem anderen seine Erfolgserlebnisse zu gönnen, oder pflügt der Neid einen Graben? Die Beantwortung dieser Frage hängt von unserem Selbstbewusstsein ab. Schön wäre es, wir könnten uns mit unseren Freundinnen und Freunden aus ganzem Herzen mitfreuen und ihre Erfolge sogar mit ihnen zusammen feiern.

16. OKTOBER
Der Wettkampf

Der Abpfiff ertönte. Das Spiel war zu Ende. Gesenkten Hauptes verließ der Verlierer das Feld. Sein Gegner, der ihn besiegt hatte, holte ihn ein und legte ihm den Arm um die Schulter.
«Jahrelang», so der Verlierer, «habe ich für dieses Spiel trainiert. Ich habe dafür auf unendlich viel verzichtet. Und nun muss ich als Verlierer nach Hause gehen.»
Ihm liefen die Tränen über das Gesicht.
«Lass uns zusammen ein Stück gehen, das wird dir guttun.»
«Willst du denn nicht feiern?»
«Nicht so wichtig.»
Durch einen Hinterausgang entwischten die beiden heimlich den Reportern. Einige Zeit später waren die Tränen versiegt.
«Du hast mich in meiner Enttäuschung begleitet», meinte der Verlierer, «jetzt will ich mit dir zusammen lachen und feiern.»
In den frühen Morgenstunden des kommenden Tages waren aus Gegnern Freunde geworden. ∞

17. OKTOBER
Auch kurzfristige Freundschaften sind von Bedeutung

Wir kennen Freundschaften, die währen von Jugend an und wachsen wie ein Baum, der sich seine Jahresringe zulegt. Dann wieder begegnen uns im Laufe unseres Lebens Menschen, die uns eine Zeit lang besonders faszinieren. Aus solchen Beziehungen entwickeln sich manchmal außerordentlich intensive, aber kurzlebige Freundschaften, die wie ein Komet am Himmel aufsteigen und ebenso rasch wieder verschwinden.

Vielleicht fragen wir uns dann, ob solche Beziehungen überhaupt den Namen Freundschaft verdienen. Besser wäre es allerdings zu fragen, was solche Begegnungen in uns ausgelöst haben. Möglicherweise haben sie in ihrer zwar kurzen Dauer, aber dennoch gefühlsmäßigen Intensität eine Seite in uns zum Schwingen gebracht, die in der Zukunft noch lange in uns nachklingt.

18. OKTOBER
Geheimnisse wahren können

Freundschaften zeichnen sich dadurch aus, dass man einander die persönlichsten, ja sogar die intimsten Gedanken und Erfahrungen mitteilen und offenbaren kann und gewiss sein darf, dass diese Geheimnisse der eigenen Seele in verborgenem Stillschweigen gewahrt bleiben und nicht nach außen dringen. Nur unter dem Siegel der Verschwiegenheit und Treue ist es einem überhaupt möglich, sich anderen Menschen anzuvertrauen, auch in seinen dunklen oder schamvoll besetzten Erfahrungen und Gefühlen. Was für eine Erleichterung bedeutet es, wenn man weiß, dass ein vertrauter Mensch den ureigensten Kummer kennt und mitträgt, ohne dass er ihn nach außen hin weitergibt und das Vertrauen verrät.

19. OKTOBER
Ich bin stolz auf dich

Zwei Freunde trafen sich nach langer Zeit wieder. Bei einem Glas Bier erzählten sie einander ihre Lebensgeschichte. Der eine war seinem Beruf, an dem er sehr hing, treu geblieben und hatte sich mit all den normalen Hochs und Tiefs wacker durchs Leben geschlagen.

Der andere hatte nach einigen Jahren bürgerlicher Existenz den Mut gehabt, seinen Jugendtraum zu verwirklichen: Er hatte eine Schauspielschule besucht und war mit einem kleinen Ensemble immer wieder auf Tournee.

«In zwei Monaten gastieren wir in M., ich habe dir eine Freikarte mitgebracht.» Er wollte seinen Freund gern an seinen Erfolgen teilhaben lassen, war aber auch nicht ganz frei von der Sorge, der andere könne ihm seine Karriere missgönnen.

Nach der Theateraufführung kam der Freund in die Garderobe des Schauspielers und schlug ihm begeistert auf die Schulter: «Du warst großartig, ich bin so stolz auf dich!» Er konnte seinem Freund nicht nur seinen Erfolg neidlos gönnen, sondern ihn darüber hinaus bewundern, in neuer Weise achten und respektieren und sich mit ihm zusammen an dessen Leistungen vorbehaltlos freuen.

20. OKTOBER
Nicht zu früh aufgeben

In der Freundschaft ist es wie in der Liebe. Für eine Weile erlebt man miteinander sonnige Zeiten, hat Spaß miteinander, geht zusammen «durch dick und dünn» und belebt sich gegenseitig durch vielerlei Ideen und kreative Einfälle.

Es wird einem beieinander nie langweilig, weil man sich gegenseitig stets etwas zu erzählen hat. Dann aber treten Phasen ein, in denen die Munterkeit verstummt und so manches Gespräch mühsam wird. Krampfhaft sucht man nach neuen Themen – während man im Stillen überlegt, ob die Freundschaft allmählich abstirbt und zu Ende geht.
Vielleicht liegt die Krise ja darin begründet, dass sich beide im Laufe der Jahre durch sehr unterschiedliche Erfahrungen verändert haben. Offene Gespräche darüber können die getrennten Wege wieder zusammenführen, so dass die auf eine neue Basis gestellte Freundschaft eine neue Zukunft hat.

21. OKTOBER
Aus Liebe kann Freundschaft werden

«Wir hatten eine unglaublich leidenschaftliche Liebesbeziehung», erzählte die junge Frau. «Sie basierte überwiegend auf der gegenseitigen erotischen Anziehungskraft. Bisweilen schwelgten wir auch in dem gemeinsam als berauschend empfundenen Genuss klassischer Musik und romantischer Gedichte. Als wir uns nach einigen Jahren überlegten, ob wir zusammenbleiben wollten, stellten wir fest, dass uns für eine alltägliche Lebensgemeinschaft die Basis fehlte. Wir trennten uns. Jahrelang hörten wir nichts voneinander. Dann haben wir uns zufällig wiedergetroffen. Wir waren inzwischen beide anderweitig gebunden. Aber dennoch – oder vielleicht gerade deshalb – konnten wir seither eine tiefe, rein freundschaftliche Beziehung zueinander entwickeln.»

22. OKTOBER
sensibel miteinander umgehen können

Manchmal bedeutet uns ein anderer Mensch so viel, dass es uns wichtig ist, mehr über ihn und seine Lebensgeschichte zu erfahren. Aus dem Gefühl tiefer Anteilnahme heraus fragen wir ihn nach besonderen Ereignissen in seiner Lebensgeschichte, von denen wir das Gefühl haben, dass sie für ihn eine besondere Rolle spielen. Plötzlich spüren wir, wie der andere sich verschließt und möglicherweise sogar von uns zurückzieht. Unser aufrichtiges Interesse an seiner Person hat womöglich Wunden in ihm berührt, die noch nicht verheilt sind und die er schützen muss. Wenn wir uns durch seine zunächst als schroff erlebte Haltung nicht irritieren lassen, sondern ihm genügend Zeit gewähren, kann vielleicht doch Vertrauen in ihm wachsen, das uns zu einer aufrichtigen und tiefen Begegnung zu führen vermag. ~

23. OKTOBER
Am Leben des anderen teilnehmen

Freundschaft mit einem anderen Menschen zu pflegen heißt, dass wir ein aufrichtiges Interesse an ihm haben, dass wir teilnehmen an dem, was sein Herz bewegt, und uns mit ganzer Kraft darauf einlassen. Es mag sein, dass wir selbst gerade mit anderen Dingen beschäftigt sind. Aber wenn uns ein anderer Mensch wichtig ist, können wir auch einmal von den eigenen Fragen ablassen, um uns in die Themen zu versenken, die ihn gerade bewegen. Vielleicht werden wir innerlich so stark angerührt, dass wir selbst auf neue Gedanken und Anregungen stoßen, die unser eigenes Leben betreffen. ~

24. OKTOBER
Hund und Katz

Die Katze war auf der Suche nach einem Vogelnest hoch in die Wipfel einer Zeder hinaufgeklettert. Doch die Jungen waren zu ihrem Leidwesen schon ausgeflogen. Mit einem riesigen Satz sprang sie hinab, geriet dabei jedoch in einen Stacheldraht und verletzte sich an ihrer linken Vorderpfote. Vor Schmerzen wimmernd lag sie in einem Schrebergarten, als sich ihr ein Hund näherte.
«Was willst du?» miaute sie feindselig.
Der Hund sagte nichts, sondern streckte seine große rote Zunge aus und leckte der Katze die blutenden Wunden.
«Warum tust du das?», fragte die Katze «du hast mich doch noch nie gemocht.»
«Weil ich es nicht ertragen kann, wenn ein Mitgeschöpf leidet», bellte der Hund verlegen zurück.
Das war der Beginn einer erstaunlichen Freundschaft.

25. OKTOBER
Aus der Verlogenheit des Alltags herausfinden

Es gibt Phasen, in denen man das Gefühl hat, das Leben nur mit Ausreden und Lügen bestehen zu können. Man fühlt sich keinesfalls wohl dabei, sich von einem Tag zum anderen irgendwie durchzuschummeln. Aber man findet auch keinen Ausweg. Gerade in solchen Zeiten können Freundinnen und Freunde eine unverzichtbare Stütze sein. Sie sind es nämlich, denen man sich in den Verstrickungen seines Lebens anvertrauen und denen gegenüber man aufrichtig sein kann. In einem offenen Gespräch können sie ihr Verständnis zeigen oder, sofern nötig, einem auch einmal «den Kopf zurechtrücken». Zumindest braucht man sich der Verworrenheit seiner Gefühle nicht zu schämen und kann hoffen, wieder zur eigenen Wahrhaftigkeit zurückzufinden.

26. OKTOBER
Zeit füreinander finden

Ständig hat jeder mit sich selbst zu tun. Da kann es schon vorkommen, dass wir den Anruf einer unserer Freundinnen oder Freunde als lästig und unbequem empfinden. Wir spüren zwar deren Not, aber wir möchten uns diesem Anspruch am liebsten entziehen. Denn wir ahnen, dass es uns viel Zeit kosten wird, uns den Problemen der oder des anderen wirklich zu stellen. Noch während wir telefonieren, fallen uns eine Anzahl glaubwürdiger Ausreden ein. Vielleicht kommen wir aber zugleich auch auf den Gedanken, dass es zehnmal wichtiger sein könnte, für das, was unsere Freundin oder unser Freund auf dem Herzen hat, Zeit zu finden, als um uns selbst zu kreisen.

27. OKTOBER
Bis in den Tod

«Vor Jahren», so erzählte mir eine Frau in mittleren Jahren, «hatte ich eine Kollegin, mit der ich gar nicht gut auskam. Wo sie nur konnte, warf sie mir Steine in den Weg. Auf meine Bitte hin, mit ihr klärendes Gespräch führen zu können, wandte sie sich nur ab. Einige Jahre später erkrankte sie an Krebs. Angesichts dieser schlimmen Situation konnte ich all die unangenehmen Szenen zwischen uns übersehen. Ich besuchte sie, wohlgemerkt zu ihrer Freude, während ihrer Chemotherapie im Krankenhaus, später auch zu Hause. Zwischendurch rief ich sie immer wieder an. Nach und nach entstand ein geradezu freundschaftlicher Kontakt zwischen uns. Sie begann, mir ihre Ängste anzuvertrauen. Aus Mitgefühl war Begegnung entstanden, so dass ich sie bis in ihren Tod begleiten konnte.»

28. OKTOBER
Abschied nehmen können

Es gibt Freundschaften, die uns über viele Jahre elementar wichtig gewesen sind, die uns begleitet und zutiefst am Herzen gelegen haben. Dennoch kann es passieren, dass uns Streit oder Missverständnisse von den betreffenden Freundinnen oder Freunden trennen. Plötzlich spüren wir, dass der bisher so vertraute Mensch nichts mehr mit uns zu tun haben möchte. Wir unternehmen noch den ein oder anderen Versöhnungsversuch, aber vergeblich. Es dauert sicher lange, bis wir gelernt haben, loszulassen. Was bleibt, ist vielleicht die Erinnerung an eine beglückende Zeit und den inneren Reichtum, den die oder der andere in unserer Seele hinterlassen hat.

29. OKTOBER
Einsamkeit ertragen können

Manchmal fühlen wir uns einsam. Kaum jemand aus unserem Freundeskreis scheint an unserem Ergehen echte Anteilnahme zu zeigen. Vielleicht kann keiner von den Menschen, die uns bisher nahe gestanden haben, der Tiefe unserer momentanen Gedanken und Empfindungen folgen. Es ist verständlich, wenn wir uns in solchen Zeiten verlassen und einsam fühlen, ein wenig verbittert vielleicht auch gegenüber denen, die wir bisher als unsere Freundinnen und Freunde erlebt haben. Zu einigen wird die Verbindung bestehen bleiben und sich nach geraumer Zeit vertiefen und erneuern. Darüber hinaus werden uns eines Tages andere Menschen begegnen, die die uns das Geschenk neuer Freundschaft eröffnen.

30. OKTOBER
Einen Halt im Leben haben

Es gibt Freundschaften, die uns tragen wie ein fester Boden unter den Füßen, auf dem wir uns angstfrei und sicher bewegen können. Selbst dann, wenn wir lange Zeit nichts voneinander gehört haben, wissen wir, dass die Beziehung damit keinesfalls zu Ende gegangen ist. Wir spüren innerlich die vorhandene Vertrautheit. Irgendwann einmal bricht dann plötzlich der Kontakt durch ein überraschendes Telefonat oder einen schriftlichen Gruß wieder auf. Erstaunlicherweise entsteht nach solchen Phasen des Schweigens selten Fremdheit: Man plaudert, als hätte man sich erst vor kurzem das letzte Mal gesehen. Und man weiß, dass diese Menschen uns, komme, was wolle, Halt in unserem Leben geben.

31. OKTOBER
«Gute Nacht, Freunde ...»

«Gute Nacht, Freunde, es wird Zeit für mich zu gehn», mit diesen Worten beginnt ein bekanntes Chanson von Reinhard Mey. Vielleicht erinnern sich manche daran, wie es in den folgenden Strophen weitergeht. Der Sänger dankt seinen Freunden für die unkomplizierte Gastfreundschaft, in der ihm einfach ein Teller zu den ihren auf den Tisch gestellt wird, für ihre Geduld in kontroversen Gesprächen, für die herzliche Wärme, die er in ihrem Haus erfährt.

Mit diesen Gedanken trifft der Sänger genau das, was Freundschaft wesentlich ausmacht: Dass man bei Freunden gelegentlich auch uneingeladen an die Tür klopfen und spüren darf, dass man willkommen ist und sich daheim fühlen kann.

NOVEMBER
einfach danke!

1. NOVEMBER
Danken ist mehr als ein Wort

Danken ist mehr, als nur das kleine Wörtchen «danke» aufgrund von Wohlerzogenheit beiläufig vor uns hinzumurmeln. Danken ist eine Haltung, dem anderen Menschen, ja dem Leben selbst gegenüber. Wenn wir uns wirklich dankbar zeigen, dann drücken wir damit auch ein Stück Demut aus: wir selbst haben nicht alles, wir vermögen nicht alles, wir sind angewiesen auf das, was uns durch andere Menschen zuteil, was uns geschenkt wird: auf das Brot, das andere für uns backen, auf die helfende Hand oder das aufrichtende Wort eines anderen Menschen, wenn wir nicht mehr aus noch ein wissen. Nicht zuletzt dürfen wir dafür dankbar sein, dass das Leben uns gewollt hat.

2. NOVEMBER
Danke, dass es mich gibt

Wenn man mit sich selbst in einer Krise steckt und sich vielleicht sogar fragt, was für einen Sinn die eigene Existenz hat, dann ist es gut, wenn man in seiner Seele eine Art Museum für die eigenen «guten Taten» errichtet hat, in dem man sich zu gegebener Zeit in Ruhe ein wenig umsehen und umhören kann. Wie vielen Menschen hat man schon geholfen, indem man ihre Sorgen geteilt hat. Wie gern hat man jemandem ganz konkret eine Last abgenommen. Wie oft hat man gerade das richtige, befreiende und aufrichtende Wort für einen anderen gefunden. Hat da nicht auch schon einmal jemand gesagt: «Wenn du nicht gewesen wärst!»? Das ist doch ein wunderbarer Grund, für die eigene Existenz dankbar zu sein.

3. NOVEMBER
Leben mit allen Sinnen

Eine ältere Dame, die zu erblinden droht, meinte kürzlich: «Ich bin an jedem Morgen dankbar, wenn ich die Augen aufschlage und feststellen darf, dass ich noch sehen kann.»
Wie viel Grund haben wir also jeden Tag, dankbar zu sein für die Möglichkeiten und Fähigkeiten, die uns zur Verfügung stehen, um die Welt um uns herum mit all unseren Sinnen wahrzunehmen. Oftmals vermitteln uns ja auch erst mehrere Sinneswahrnehmungen den wirklichen Eindruck des Ganzen.
Die Schönheit einer Rosenblüte erfassen wir zum Beispiel nicht nur über das Auge, sondern wir können zugleich ihre samtartigen Blütenblätter zwischen unseren Fingern spüren und ihren wundervollen Duft in uns aufsaugen.
Der Wohlgeruch frischen Brotes verführt uns dazu, herzhaft hineinzubeißen und seine kräftige Kruste lustvoll zu zerkauen. Und eine Musik, die unser Herz berührt, beseelt uns mit dem Gefühl, der Himmel hinge heute für uns voller Geigen.

4. NOVEMBER
Ein Wechselspiel von gelebtem Dank

Wenn wir etwas geschenkt bekommen, dann, so haben wir es in unserer Erziehung gelernt, gehört es sich, «danke» zu sagen. Das tun wir pflichtgemäß auch dann, wenn uns das Präsent nicht so sehr gefällt. Der andere hat sich ja bemüht, uns eine Freude zu machen.

Wenn uns aber ein Mensch mit etwas ganz Besonderem überrascht, uns gleichsam einen unserer größten Wünsche an den Augen abgelesen hat, dann werden wir ihm unseren Dank auf besonders herzliche Art und Weise zeigen, vielleicht fallen wir ihm sogar vor Begeisterung um den Hals. Aber damit nicht genug. Wir werden unsere Fantasie und Kreativität bemühen, ihm zum nächsten Anlass auch etwas besonders Schönes zu schenken, um ihn zu beglücken.

Ein Wechselspiel von gelebtem Dank hat begonnen, das den Himmel auf der Erde ahnen lässt.

5. NOVEMBER
Besinne dich auf deine Schutzengel

Kürzlich erzählte eine junge Frau von einem schweren Verkehrsunfall, den sie vor einem Jahr erlitten hatte. Voller Dankbarkeit berichtete sie, dass sie wie durch ein Wunder unverletzt und mit heiler Haut davon gekommen war.

Da fragt man sich vielleicht, ob man erst etwas so Schlimmes erlebt haben muss, damit sich einem das Herz zur Dankbarkeit öffnet? Wer weiß, in wie vielen Situationen man selbst schon einen Schutzengel gehabt hat, ohne dass einem die Gefahr, in der man gesteckt hat, wirklich bewusst gewesen ist.

Vielleicht mögen wir in einer ruhigen Stunde ja auch einmal unser eigenes Leben dahingehend bedenken, wie oft wir wohl selbst schon vor dunklen Erfahrungen bewahrt geblieben sind und wie viel Grund wir eigentlich haben, an jedem Tag über irgendetwas froh und dankbar zu sein. ☙

6. NOVEMBER
Vom Mitgefühl zur Dankbarkeit

Wenn wir von einer Katastrophe hören, wie zum Beispiel von entsetzlichen Erdbeben oder Überflutungen ganzer Landstriche, wogt nach dem ersten lähmenden Entsetzen eine Welle des Mitgefühls durchs Land. Wie beten, spenden Geld oder versuchen auf andere Weise zu helfen und Anteil zu nehmen. Doch wenn der Alltag uns wieder einholt, vergessen wir solche schrecklichen Ereignisse oft sehr schnell. Vielleicht sollten wir sie uns gelegentlich vor Augen halten, um uns der Qualität des eigenen Lebens immer wieder bewusst zu werden. Wie dankbar können wir sein, wenn wir morgens aufstehen, unser Tagewerk vollbringen und uns abends zur Ruhe begeben können. Wie wertvoll ist jeder Tag, den wir und die Menschen, die wir lieb haben, unbeschädigt erleben dürfen. ☙

7. NOVEMBER
Sich in Liebe an einen Menschen erinnern

Wenn wir einen geliebten Menschen verlieren, ergreift uns die Trauer in all ihren Facetten. Zunächst wollen wir es gar nicht wahrhaben, dann ergreift uns der Zorn: «Warum musste gerade er gehen?» Wir hadern mit Gott und der Welt. Erst langsam werden wir still und können die Tränen fließen lassen. Doch eines Tages, wenn wir am Ende unseres Trauerprozesses angelangt sind und seinen Tod akzeptieren können, ist es uns möglich, rückblickend Dankbarkeit zu empfinden, dass uns die Begegnung mit diesem Menschen überhaupt geschenkt worden war. Aus innerem Frieden heraus können wir ihm einen dauerhaften Platz in unserem Herzen schenken.

8. NOVEMBER
Sich selbst vergeben können

«Ich war noch sehr jung, als ich eine riesige Dummheit gemacht habe, die ich schon kurz darauf bitter bereut habe», erzählte der Alte neben mir auf der Parkbank, mit dem ins Gespräch gekommen war. «Eines Tages hatte ich den Mut, mich mit den Menschen, die davon in Mitleidenschaft gezogen worden waren, in Verbindung zu setzen. Sie waren bereit, sich mit mir zu treffen und zu sprechen. Am Ende konnten sie verstehen, was seinerzeit in mir vorgegangen war, und verziehen mir. Es hat danach noch eine lange Zeit und viele Gespräche mit anderen Personen gebraucht, bis ich meine Scham verarbeitet hatte und mir schließlich selbst vergeben konnte. Ich bin froh und dankbar dafür, dass ich mir eines Tages im Spiegel wieder ins Gesicht sehen konnte.»

9. NOVEMBER
Danken können heißt, sich zu erinnern

Dankbarkeit ist nicht in erster Linie ein Gefühl. Danken hat etwas mit denken zu tun. Das heißt, dass man einmal zurückdenken und sich daran erinnern sollte, welchen Gefahren man in seinem Leben schon mit knapper Not entkommen ist. Welche unangenehmen oder auch schrecklichen Erlebnisse hat man qualvoll durchleiden müssen, die ihre nachhaltigen Spuren in der Seele hinterlassen haben? Gerade solche Erfahrungen möchte man am liebsten aus seinem Leben streichen. Aber da das in den seltensten Fällen möglich ist, möchte man sie am liebsten «unter der Decke» des Bewusstseins verhüllen. Doch jeder weiß, dass die Verdrängung schlimmer Erlebnisse keine Lösung ist. Man muss sich mit ihnen auseinandersetzen, um sich innerlich von ihnen befreien und dankbar eine neue Richtung einschlagen zu können. ༄

10. NOVEMBER
Manchmal genügt ein Wort

Eine junge Lehrerin wurde von einem Kollegen gefragt, ob sie «nur» Referendarin sei oder ob sie länger an der Schule bleiben würde. Als sie ihn verblüfft ansah, ergänzte er, dass es ja eigentlich nur lohnen würde, mit jemandem in Kontakt zu treten, wenn man wüsste, dass derjenige die Schule nicht so schnell wieder verlassen würde. Lohnen sich also nur längere Kontakte? Können es nicht mitunter auch ganz flüchtige Begegnungen sein, die vielleicht nur in einem einzigen Gespräch einen wichtigen Impuls für das eigene Leben vermitteln, an den man sich später noch dankbar erinnert? ༄

11. NOVEMBER
An jedem Tag satt werden

Da gibt es in unserer einen Welt Kinder, die in Steinbrüchen arbeiten oder sich prostituieren müssen, um ihre Familien zu ernähren. Da gibt es Menschen mit Hungerbäuchen, die die nächste Krankenstation nicht mehr erreichen, und Flüchtlingselend aus Kriegsgegenden. Wir alle kennen solche Bilder. Wie dankbar können wir dafür sein, dass wir in einem Land leben, in dem wir an jedem Tag genug zu essen und zu trinken haben und uns keinerlei Sorgen darüber machen müssen, ob wir auch morgen satt werden. Zudem können wir dankbar dafür sein, dass wir eine Wohnung haben mit einer Heizung für den Winter, mit fließendem Wasser und einem weichen, warmen Bett für die Nacht.

12. NOVEMBER
Für Alltägliches dankbar sein können

Es gibt Menschen, die gesund sind und dennoch immer etwas zu jammern haben. Kleine Wehwehchen werden stundenlang beklagt. Auf der anderen Seite müssen viele Menschen mit gesundheitlichen Einschränkungen, mit Behinderungen oder unter der Last einer unheilbaren Krankheit leben. Erstaunlicherweise kann man gerade bei ihnen oft viel mehr Lebensfreude entdecken als bei den Gesunden. Die Fähigkeit, wirklich den Augenblick zu genießen und sich an ganz kleinen alltäglichen Dingen freuen zu können, ist bei ihnen häufig viel ausgeprägter und damit zugleich auch das tiefe Gefühl von Dankbarkeit, diesen netten Besuch oder jenen sonnigen Tag überhaupt (noch) erlebt haben zu dürfen.

13. NOVEMBER
Irgendetwas gelingt immer wieder einmal

Es gibt eine Redensart, die lautet: «Nobody is perfect.» Dieser Gedanke hat ja etwas Erleichterndes, denn er schenkt einem die Möglichkeit, auch zu seinen Mängeln und Schwächen stehen zu können. Andererseits verführt er viele Menschen vielleicht dazu, vorschnell von so manchen Dingen von sich zu behaupten: «Das kann ich sowieso nicht, das schaffe ich nicht, dafür bin ich zu unbegabt.» Schade eigentlich, denn das Leben selbst bietet eine Fülle von Möglichkeiten, die auszuprobieren sich lohnt. Manchmal gelingt eben doch etwas Neues, das einen dann auch dankbar stimmt dafür, dass man auf dem Weg der eigenen Selbstentfaltung wieder einen Schritt vorangekommen ist.

14. NOVEMBER
Nichts ist selbstverständlich

Eine junge Frau sagte einmal: «Wieso soll ich dafür dankbar sein, dass ich jeden Tag etwas zu essen und zu trinken kaufen kann, ich bezahle das doch.» Dieses Beispiel zeigt, wie selbstverständlich uns so vieles ist von dem Wohlstand, in dem wir leben, aber auch in anderen Bereichen von dem, was andere Menschen tagtäglich für uns tun. Warum soll man einem eifrigen Kellner danken oder einer engagierten Lehrerin, einem hilfreichen Kollegen oder einer aufmerksamen Verkäuferin? Die Leute tun doch «nur ihre Pflicht.» Dabei ist im menschlichen Umgang untereinander nichts selbstverständlich und jede Form von Freundlichkeit, Engagement und Hilfe ein aufrichtiges «Danke» wert.

15. NOVEMBER
Zeit für das Wesentliche

Manchmal haben wir das Gefühl, als ob uns die Zeit davonlaufen würde. «Wo ist nur die Zeit geblieben», stöhnen wir besonders an Jahrestagen wie am Geburtstag, zu Weihnachten oder am Altjahresabend. Meistens wird einem dann zugleich bewusst, was im Laufe des vergangenen Jahres von dem liegen geblieben ist, das man sich eigentlich ganz fest vorgenommen hatte. Vielleicht können wir mit uns selbst einüben, dem bewusst entgegenzusteuern. Wir werden dabei die wunderbare Erfahrung machen dürfen, dass wir für das, was uns wirklich wichtig ist und am Herzen liegt, auch die notwendige Zeit finden, auch wenn wir noch so viel zu tun habe. Dankbar können wir dann sein, wenn wir spüren, dass das Wesentliche nicht ungelebt bleibt. ∾

16. NOVEMBER
Es ist das kleine Glück, das zählt

Es gibt eine ganze Menge Leute, die warten auf das totale Glück: Auf das ganz große Geld und am besten zugleich auf die ganz große Liebe. Und wenn sich, wie bei den meisten, diese Wünsche in der erträumten Art und Weise nicht erfüllen, dann leben sie frustriert vor sich hin und klagen über die innere Leere und mangelnde Erfüllung ihres Lebens. Schade eigentlich, denn in jeder «ganz normalen Beziehung» lässt sich gemeinsam immer wieder etwas Schönes erleben. Und auch mit bescheidenen finanziellen Mitteln kann man sich kleine Wünsche erfüllen und beglückende Erfahrungen machen, die die Seele beleben und einen damit zur Dankbarkeit bewegen. ∾

17. NOVEMBER
Lernen dürfen

Viele Schülerinnen und Schüler stöhnen über die Schule und übersehen dabei, dass es ein Privileg ist, lernen zu dürfen. Das Eindringen in Wissenschaften, um die Welt besser verstehen und deuten zu können und um sich kulturelle Errungenschaften zu erschließen, bildet nicht nur den Verstand, sondern zugleich den Geist, aus dem heraus man sein Leben gestaltet. Das Bewusstsein weitet sich und eröffnet neue Perspektiven. Eine veränderte Sichtweise lässt einen das Leben differenzierter als zuvor erfahren und ermöglicht eine vielfältigere Kommunikation mit anderen Menschen – durch die nun wiederum die eigene Existenz bereichert wird. Mir selbst geht folgender Satz leicht über die Lippen: «Dieser Tag hat sich gelohnt, ich habe wieder etwas dazu gelernt.»

18. NOVEMBER
Gebraucht werden

Die meisten Menschen kennen wohl Phasen von innerer Müdigkeit. Wenn man den Idealismus der Anfangsjahre verloren hat und sich nach dem Sinn der tagtäglichen Mühsal fragt. Wenn man weiß, dass es für einen beruflichen Neuanfang zu spät ist und allmählich anfängt, die Jahre bis zur Rente zu zählen. Aber vielleicht ist es in solchen Augenblicken hilfreich, auch die «andere Seite» mit in den Blick nehmen zu können: die Dankbarkeit dafür, dass man noch «dazu» gehört. Und die Dankbarkeit dafür, dass man auch einen Platz in der Gesellschaft hat, an dem man regelmäßig gefordert und gebraucht wird – und für andere Menschen etwas leistet.

19. NOVEMBER
Auch Umwege führen zum Ziel

Viele Menschen sind wohl in ihrem Leben schon weite Wege gegangen. Eigentlich hatten sie sich einst einen klaren und geraden Weg für ihr Leben vorgestellt. Doch immer wieder fanden sie sich auf Umwegen und Irrwegen oder in Sackgassen wieder. Diese Einsichten haben oft sehr viel Schmerz und Trauer ausgelöst. Was war aus ihren Plänen geworden? Erst viele Jahre später durften sie voller Dankbarkeit erkennen, dass es gerade diese Umwege und Irrwege waren, auf denen sie Erfahrungen machen konnten, die sie selbst ein Stück weitergebracht und zur Erfüllung ihres Lebens geführt haben.

20. NOVEMBER
Aus Kritik etwas lernen können

Natürlich ist es für jeden Menschen am schönsten, wenn er mit einem großen Lob bedacht wird. Drückt sich doch darin die uneingeschränkte Anerkennung, vielleicht sogar Bewunderung für einen besonders wertvollen Gedanken oder eine bestimmte Tat aus. Weniger gern sind uns im Allgemeinen kritische Einwände, zeigen sie uns doch, dass wir etwas falsch gemacht oder nicht konsequent zu Ende gedacht haben. Es gibt allerdings auf der Welt «begnadete Kritiker», Menschen, die einem Kritik so sagen können, dass man plötzlich das Gefühl hat, als würden sich in einem ganz neue Türen öffnen. Für solche Kritik, die einem für die eigene Existenz ganz neue Perspektiven schenkt, können wir von Herzen dankbar sein.

21. NOVEMBER
Das Glück liegt oft im Unscheinbaren

Dankbar zu sein ist vielleicht auch eine besondere Fähigkeit von Menschen, die grundsätzlich hoffnungsfroh leben. Weil man letztlich nur für das dankbar sein kann, über das man sich auch von ganzem Herzen freut. Wer immer nur über das klagt, was ihm das Leben schuldig geblieben ist, der ist gar nicht in der Lage, das als beglückend wahrzunehmen, was ihm im Laufe der Jahre an schönen und erfüllenden Erfahrungen zuteil geworden ist. Dabei gibt es so vieles, an dem man sich jeden Tag voller Dankbarkeit erfreuen kann: an einem traumhaft schönen Sonnenaufgang, an einem freundlichen Wort oder an einem liebevollen Brief. ∞

22. NOVEMBER
Den Dank nicht vergessen

Da haben wir im Laufe der Jahre eine ganze Menge für andere Menschen getan: Wir haben uns Zeit für sie genommen und haben ihnen in ganz konkreter Weise, vielleicht auch mit materiellen Mitteln, unter die Arme gegriffen. Und die meisten gingen, nachdem sie unsere Hilfe in Anspruch genommen hatten, ohne ein Wort des Dankes ihren Weg. Aber manchmal dürfen wir erleben, dass ein Mensch wirklich von ganzem Herzen dankbar ist für die Unterstützung, die wir ihm geschenkt haben, und dass er diesen Dank auch in irgendeiner Form zum Ausdruck bringt. Manchmal gestaltet sich die Dankbarkeit eines anderen uns gegenüber auf angemessene Weise, so dass auf dem Nährboden gegenseitiger Hilfsbereitschaft und Dankbarkeit sogar vereinzelt Freundschaft wachsen kann. ∞

23. NOVEMBER
Dankbar sein für das, was heute noch lebbar ist

Vieles hat man erlebt und durchlitten, mancherlei hat man gesehen von der Welt. Was einem in jungen Jahren voller Verheißung geglüht hat, macht nun einer inneren Stille oder gar Leere Raum. Und man vergisst darüber, dass die schönen und vielleicht auch abenteuerlichen Erlebnisse der Vergangenheit keineswegs selbstverständlich waren. Noch trauriger aber ist es, wenn man darüber die Möglichkeiten vernachlässigt, die einem auch heute zur Verfügung stehen. Was alles lässt sich auch jetzt, in der Gegenwart, noch leben und verwirklichen von dem, was in der Seele träumt, für das man in noch späteren Jahren dann vielleicht auch wiederum dankbar sein kann. ○○

24. NOVEMBER
An gute Zeiten zurückdenken

Manchmal ist die Verzweiflung so groß, dass man denkt, man habe sein ganzes Leben verfehlt. An die Stelle von Hoffnungen sind Enttäuschungen getreten, und jegliche Zuversicht ist der Mutlosigkeit gewichen. Die gegenwärtig als ausweglos erscheinende Situation überdeckt mit ihren Schatten die einst einmal als hell und beglückend erlebten Zeiten. Wie gut ist es, wenn man sich am Abgrund der Trostlosigkeit solcher freundlichen Lebensphasen erinnern kann. Denn aus den dankbaren Erinnerungen an die schönen und gelungenen Abschnitte des Lebens können einem wieder Kräfte zuwachsen, um auch die gegenwärtige dunkle Zeit durchstehen und überwinden zu können. ○○

25. NOVEMBER
«Jeden Tag eine gute Tat»

Ein altes und sicher mittlerweile oftmals belächeltes Pfadfindersprichwort lautet, dass man an jedem Tag «eine gute Tat» tun solle. Damit verbindet man vermutlich, dass man einer alten Dame über die Straße helfen oder einem kranken Nachbarn einmal etwas einkaufen sollte. Dagegen ist ja auch nichts einzuwenden. Aber vielleicht ist in dieser Redensart ein tiefere Wahrheit enthalten. Um wie viel beglückender und erfüllender kann das Leben sein, wenn man nicht ständig nur um sich selbst und die eigenen Bedürfnisse kreist, sondern wenn man wachsam ist im Blick auf das, was die Menschen um einen herum brauchen. Wie bereichernd kann es für einen selbst sein, wenn man sich einmal in die Notsituation eines anderen hineinversetzt und aus dieser Einfühlsamkeit heraus hilft. Von der Freude und der Dankbarkeit der Betroffenen ganz zu schweigen. ∽

26. NOVEMBER
In schweren Zeiten gehalten sein

Es gibt Menschen, die meinen für alles, auch für das größte Unglück, das ihnen widerfährt, dankbar sein zu müssen, weil sie darin ein Zeichen sehen, das ihnen etwas für ihr Leben sagen will. Zu diesen Menschen zähle ich mich nicht. Es gibt Erfahrungen in meinem Leben, auf die ich wirklich gut und gerne hätte verzichten können, die mancherlei in mir zerstört, aber nicht das Geringste in meiner Seele aufgerichtet haben. Dankbar bin ich jedoch für die Menschen, die mich in diesen schweren Zeiten geduldig ausgehalten und liebevoll begleitet haben. ∽

27. NOVEMBER
Die Sorgen entkräften

«Die Sorge von Morgen stiehlt uns den Dank für Gestern.» Gehen wir der Aussage dieses Sprichworts einmal nach. Was treibt uns in unseren Gedanken um?
Oft sind es doch wirklich die Dinge, die uns zu schaffen machen, die uns belasten, vor denen wir uns fürchten. Wie wenig Raum lassen wir dagegen der dankbaren Erinnerung an die vielen kleinen, manchmal auch bedeutenden schönen Erlebnisse der letzten Tage, Wochen oder sogar Jahre?
Vielleicht empfiehlt sich eine kleine Übung vor dem Schlafengehen, indem wir uns eine halbe Stunde Zeit nehmen, um die Erfahrungen des vergangenen Tages in ein besonderes Buch aufzuschreiben, für die wir dankbar sind. Es werden von Abend zu Abend mehr sein – und den Sorgen wird damit ein Teil ihrer quälenden Kraft genommen.

28. NOVEMBER
Die Orte der Erinnerungen neu aufsuchen

Jeder Mensch kennt Orte, die ihm zutiefst vertraut sind und zu denen er, womöglich noch von Kindheitstagen an, eine ganz besondere Beziehung hat. Da gibt es Plätze, an denen man, als man noch klein war, besonders gern gespielt hat, möglicherweise gerade, weil es von zu Hause her verboten war. Oder irgendwo wurzelt ein Baum, zu dem man in der ungestümen Leidenschaftlichkeit seiner Jugend seinen ganzen Kummer und Liebesschmerz hingetragen hat. Je älter man wird, umso eher erinnert man sich an Orte, die einen mit Menschen tief verbinden, die vielleicht sogar schon verstorben sind.

Wie gut tut es da bisweilen, solche Stätten der Erinnerung noch einmal aufzusuchen, um sich ihre Bedeutung in der Vergangenheit zu vergegenwärtigen und ihnen in der eigenen Lebensgeschichte einen gebührenden Platz einzuräumen.

29. NOVEMBER
In Frieden leben dürfen

Wenn wir im Fernsehen oder in Zeitschriften Berichte und Bilder aus Kriegsgebieten hören und sehen, dann kann uns neben einem grenzenlosen Mitleid mit den Menschen dort zugleich ein tiefes Gefühl von Dankbarkeit dafür überkommen, dass wir in einem Land leben dürfen, in dem – politisch gesehen – Frieden herrscht. Wir müssen uns nicht nachts in Luftschutzbunker flüchten, sondern dürfen durchschlafen. Wir müssen nicht verwundet in ein überfülltes Lazarett eingeliefert werden, sondern können uns, sofern nötig, unsere Fachärzte oder Kliniken aussuchen. Wir müssen nicht ständig um unser Leben bangen. Was für ein unermessliches Geschenk eines jeden Tages.

30. NOVEMBER
Auch ein Dankgebet

Danke für das warme Wasser der Dusche, für den Toast, die Butter und den heißen Kaffee auf dem Frühstückstisch.

Danke für den warmen Mantel und die Pünktlichkeit der Straßenbahn. Danke für die Gesundheit und für das Gelingen der Arbeit.

Danke für die flüchtigen Gespräche zwischendurch und für den behüteten Heimweg.

Danke für die freundlichen Grüße auf dem Anrufbeantworter und für die erfreuliche Post.

Danke für die geheizte Wohnung, für das Abendessen und das Glas Wein.

Danke für das Leuchten des Mondes und für den Glanz der Sterne des Nachts.

Danke für die Ruhe, den Frieden und die hellen Träume im Schlaf.

DEZEMBER
einfach aus zuversicht

1. DEZEMBER
Einen Wunschzettel schreiben

Welch vorweihnachtlicher Glanz lag in unseren Kindheitstagen über den Stunden in den Adventswochen, in denen wir einen Wunschzettel schreiben durften. Sehnsüchtig fieberten wir dem Heiligen Abend entgegen in der Hoffnung, dass die begehrten Gegenstände auf geheimnisvolle Weise in unseren Besitz gelangen würden.
Vielleicht haben wir jetzt ja auch einmal Lust, einen Wunschzettel zu schreiben. Würde er anders aussehen als damals? Geht es uns auch heute in erster Linie um materielle Wünsche oder eher um Gesundheit und Liebe, um die Heiterkeit des Herzens und die Kraft zur Versöhnung? Erhoffen wir mehr Zeit für uns und andere Menschen, träumen wir von tief erlebbarem Glück, das unsere Zukunft mit Zuversicht stärkt?

2. DEZEMBER
Dem Leben vertrauen

Zuversicht hat etwas mit Glauben, mit Vertrauen zu tun. Auch dann, wenn uns Ängste oder Sorgen zu erdrücken drohen oder wenn wir an einer körperlichen Krankheit leiden, ist das noch kein Grund, zu verzweifeln oder endgültig aufzugeben. Jedes dunkle, von hohen Bergen umschlossene Tal nimmt, wenn wir es tapfer durchschritten haben, ein Ende und gibt irgendwo einen Weg frei, zu dem hin es sich öffnet und uns zum Licht der Sonne zurückfinden lässt. Dadurch ermutigt können wir weiter gehen in der Hoffnung, dass wir das ersehnte Ziel erreichen, das uns mit der Hoffnung auf die heiligen, heilenden und rettenden Kräfte beschenkt.

3. DEZEMBER
Das Abenteuer des Lebens

Man hat sich in seinem Alltag mit all seinen Gewohnheiten, mit all seinen Zwängen, aber auch seinen angenehmen Seiten häuslich eingerichtet. Die sich täglich wiederholenden Rituale verleihen ja auch ein hohes Maß an Sicherheit, hinter denen man sich gegen alle Gefahren, die einen von außen bedrohen könnten, verschanzen kann. Vielleicht sollte man dennoch einmal wieder das Risiko eingehen, aus seiner selbst gewählten Isolation herauszutreten und sich in das ungesicherte Abenteuer bunten Lebens außerhalb seiner selbst zu wagen. Es gibt Erschütterungen der Seele, die alle Sicherheiten zusammenbrechen lassen können. Aber gerade dadurch kann auch etwas völlig Neues entstehen.

4. DEZEMBER
Sag es mit Blumen

Manchmal nehmen wir wahr, dass es einem Menschen in unserer Nähe nicht gutgeht, aber wir wagen nicht, ihn darauf anzusprechen. Dennoch möchten wir ihn spüren lassen, dass wir etwas ahnen von dem, was ihn bedrückt. Wenn uns die Worte fehlen, können wir zum Beispiel Blumen sprechen lassen. Ein geschmackvoll zusammengestellter Strauß wird dem anderen gewiss ein Zeichen dafür sein, dass wir mit unseren Gedanken und Gefühlen bei ihm sind. Auch eine Kerze, ein Öllämpchen oder zur Weihnachtszeit ein Stern mögen ihm symbolisch zeigen, dass wir ihm Licht, Wegweisung und Hoffnung wünschen, damit er der Dunkelheit seiner gegenwärtigen Situation entrinnen und sein Problem bewältigen kann.

EINFACH AUS ZUVERSICHT

5. DEZEMBER
Heute, Kinder, wird's was geben

Ich gehöre zu den Menschen, die in der Adventszeit von einem regelrechten «Backwahn» befallen werden. Es macht mir Spaß, zahlreiche Sorten von Lebkuchen, Gewürztalern, Spritzgebäck und Makronen herzustellen.
Die ganze Wohnung ist dann von einem wunderbaren Duft durchzogen; man könnte auch sagen: es riecht schon nach Weihnachten. Wenn die Küche wieder aufgeräumt ist und alle anderen Arbeiten erledigt sind, kommt ein Teller mit den frisch gebackenen Plätzchen auf den Tisch.
Bei Weihnachtsmusik und Kerzenschein und dem Duft des Tannengrüns lasse ich mir das Leben schmecken.

6. DEZEMBER
Lasst uns froh und munter sein

In unserer Kindheit haben wir am Nikolausabend unsere Schuhe vor die Tür gestellt in der Hoffnung, am kommenden Morgen einige Süßigkeiten darin zu entdecken. Oft konnten wir vor Aufregung gar nicht schlafen und sind schon lange, bevor der Wecker klingelte, auf Fußsohlen vor die Tür geschlichen, um zu schauen, ob sich das Wunder dieser Nacht schon ereignet hatte und wir zu den Beschenkten zählten.
Längst sind wir den Kinderschuhen entwachsen – doch heutzutage pflegen auch manche Erwachsene den schönen Brauch, den Partner, die Partnerin oder auch Nachbarn mit einem vor die Tür gelegten lieben Gruß zu überraschen.
Und plötzlich werden wir wieder zum Kind und freuen uns über Schokoladenweihnachtsmänner, einen Teller mit frisch

gebackenen Lebkuchen, vielleicht auch über ein kleines, persönliches Geschenk oder einige besonders liebe Worte, die ein Licht der Freude in uns entzünden und die Tür in den Tag weit öffnen. ༄

7. DEZEMBER
von Licht erfüllt

An manchen Abenden in der Adventszeit, wenn die Hektik der tagsüber geleisteten Arbeit, der Weihnachtseinkäufe und -vorbereitungen abgeklungen ist, sollten wir uns eine Kerze anzünden und eine stille Zeit gönnen. Die Adventswochen sind geprägt von der Erwartung auf das Fest der Geburt Jesu Christi, auf die Erneuerung des eigenen Lebens, auf die Begegnung mit dem göttlichen Kind in uns selbst. Es ist also eine Zeit der «guten Hoffnung», wie man früher die Schwangerschaftsmonate bezeichnet hat. Im Kerzenschein ahnen wir etwas von dem Licht, das uns durchlässig werden lässt für die Begegnung mit dem Geheimnis, für die heilig-heilende Kraft, die uns zuströmt und unsere Herzen erfüllen und unser Leben erhellen will. ༄

8. DEZEMBER
Kräfte der Zuversicht wachsen lassen

Ein altes Sprichwort lautet: «Essen und Trinken hält Leib und Seele zusammen». Vielleicht kann man diese Lebensweisheit aus eigener Erfahrung bestätigen. Oftmals hat man ja dann, wenn man seelischen Kummer hat, überhaupt keinen Appetit und fühlt sich durch den Mangel an Nahrungsaufnahme noch elender. Da kann ein kleiner Leckerbissen dann vielleicht doch dazu führen, dass die Lebenskräfte wieder erwachen. Aber es bedarf wohl noch mehr, um das Gefühl zu bekommen, dass man sich dem Leben erneut zu stellen vermag. Manchmal braucht man einen Menschen, der einem, bildlich gesprochen, wieder Tor und Tür zum Leben öffnet, damit das Vertrauen in eine erfüllte Zukunft erneut wachsen kann. ∞

9. DEZEMBER
Eine Hand, die uns hält

Wir haben wohl alle schon viele schlimme und schmerzhafte Erfahrungen hinter uns. Bisweilen haben wir vielleicht sogar einmal das Gefühl gehabt, daran zerbrechen zu können. Dennoch hat es immer wieder einen Menschen gegeben, der für uns da war und uns in aller Stille zugehört hat. Solche Augenblicke haben uns so viel Kraft vermittelt, dass wir es geschafft haben, unsere Verzweiflung zunächst auszuhalten und dann sogar einen ersten Schritt zu wagen, sie zu überwinden. Möge es auch in Zukunft stets einen Menschen geben, der unsere Hilfeschreie hört, der sie ernst nimmt und uns aus dem Gefühl der Ausweglosigkeit mit fester Hand wieder herausführt, einem hoffnungsvollen Morgen entgegen. ∞

10. DEZEMBER
«Die schwarze Dame zum Tee bitten»

«Die schwarze Dame zum Tee bitten» ist eine Umschreibung dafür, eine Depression nicht zu verdrängen, sondern sie auszuhalten und sich mit ihr auseinanderzusetzen. Wer zum Tee geladen wird, erwartet für die Zeit seines Besuches ein hohes Maß an Aufmerksamkeit und Zuwendung, aber er geht im Allgemeinen nach geraumer Zeit auch wieder. Ebenso werden die dunklen Schatten, die auf unserer Seele liegen, uns freiwillig wieder verlassen, wenn wir uns ihnen eine angemessene Weile gewidmet haben. Das Gefühl innerer Lähmung, die unsere Tatkraft nach außen stilllegt, ist keine verlorene Zeit, denn in der wahrgenommenen Beschwernis findet in der Seele ein Wandlungsprozess statt. Wir dürfen uns darauf verlassen, dass der Augenblick kommt, in dem wir uns dem Leben mit gesammelter Kraft wieder stellen können.

11. DEZEMBER
Die Wolke des Selbstmitleids durchbrechen

Es ist eine Frage der inneren Einstellung, ob wir uns von unerfreulichen Erlebnissen den Tag derart zerstören lassen, dass wir am Abend müde und deprimiert im Sessel versinken, umgeben von einer Wolke des Selbstmitleids. Oder ob wir uns eingestehen können, dass es zu unserem Menschsein dazugehört, auch einmal scheitern zu können. Aus dem, was uns heute misslungen ist, können wir ja durchaus für die Zukunft etwas lernen und uns für den morgigen Tag dahingehend einstimmen lassen, dass uns das ein oder andere dann vielleicht doch wieder gelingen wird.

12. DEZEMBER
Dem Leben die Stirn bieten

«Ich will jetzt mein Abitur nachmachen und dann studieren», erzählte die junge Frau fröhlich und strahlte dabei ein hohes Maß an Lebensfreude aus. Sie hatte einen klaren Plan für ihre Zukunft, angefüllt mit hohen Erwartungen an sich selbst und einer großen Portion Optimismus dem Leben gegenüber. Damit unterschied sie sich wohltuend von vielen anderen jungen Menschen, die – aus den unterschiedlichsten Gründen – gar nicht wagen, etwas Neues zu riskieren. Erst später erfuhr ich, dass besagte junge Frau ein halbes Jahr zuvor infolge ihrer Krebserkrankung über mehrere Monate hin eine Chemotherapie hatte durchmachen müssen. Die Verzweiflung in dieser Zeit, die Schrecken eines möglichen frühen Todes hatten sie stark gemacht, dem Leben – jetzt erst recht – die Stirn zu bieten. ∞

13. DEZEMBER
«Das schaffe ich schon»

Wenn man vor einer wichtigen Aufgabe steht und Angst hat, sie nicht bewältigen zu können, hilft tiefes Durchatmen und eine Selbstermutigung, etwa mit den Worten: «Das schaffe ich schon.» Nach solch einer Pause nimmt man seine Arbeit erneut in Angriff. Und meistens klappt es: Gestärkt durch den eigenen Zuspruch wird das, was man zuvor nicht verstanden hat, plötzlich mit dem Licht der Erleuchtung erhellt. Vielleicht braucht man viele solcher Pausen, aber man wird, wenn man es wirklich will, den an einen gestellten Anforderungen im Allgemeinen gerecht werden können. ∞

14. DEZEMBER
Eine Lebensperspektive entdecken

«Es waren die letzten Stunden einer Abschlussklasse», berichtete eine Lehrerin, «in denen ich den Film über Dietrich Bonhoeffer: ‹Die letzte Stufe› gezeigt hatte. In der allerletzten Stunde, in der wir zusammen Eis essen gingen, sprach mich unterwegs ein Schüler mit strahlendem Gesicht an: «Frau B., ich muss Ihnen etwas erzählen. Der Film, den wir gesehen haben, hat mir die Augen geöffnet. Jetzt weiß ich, was ich will. Der Bonhoeffer ist konsequent seinen eigenen Weg gegangen. Das will ich jetzt auch. Nun habe ich den Mut, das anzupacken, was ich mir schon lange vorgestellt hatte. Jetzt weiß ich, wo es mit meinem Leben lang geht.» Dieser Film hatte den jungen Mann so tief erschüttert hat, dass in ihm eine Tür aufgegangen ist: Er erkannte seine Lebensperspektive. «Das», so sagte die Lehrerin, «nenne ich ein Geschenk, das nenne ich eine Gotteserfahrung.»

15. DEZEMBER
«Ich bleibe ja da»

Ein kleines Mädchen musste ins Krankenhaus. Ihm stand eine schwere Operation bevor, und es fürchtete sich grenzenlos. Die Mutter nahm ihre Tochter fest in die Arme und sagte: «Ich bleibe ja da.» Als das Kind aus der Narkose erwachte, waren die liebevollen Augen der Mutter das Erste, was es sah, so dass es zu lächeln begann. Was für ein Geschenk ist es, wenn uns in schlimmen Situationen ein lieber Mensch mit den Worten zur Seite steht: «Du brauchst nicht zu verzweifeln, ich bin ja bei dir, ich bleibe ja da.»

16. DEZEMBER
optimistisch leben

Ein zuversichtlicher Mensch lebt optimistisch. Er weiß auch in seinen alltäglichen Problemen, Belastungen und Begrenzungen irgendwo eine Tür zu finden, die ins Freie führt, einen Weg, auf dem er wieder aufatmen und, wenigstens vorübergehend, seine Sorgen hinter sich lassen kann. Er ist fähig, im Frühjahr den Blütentraum eines Apfelbaums, im Sommer das satte Weizenfeld, im Herbst die reifen Trauben an den Weinstöcken und im Winter die schneebedeckten Tannen wahrzunehmen und zu genießen und für die reiche und sättigende Fülle des Lebens dankbar zu sein. Die Freude über die Schönheit der Welt berührt ihn so tief, dass seine eigenen momentanen Schwierigkeiten an Bedeutung verlieren. Er spürt, dass das, was in der Außenwelt blüht, gedeiht, Frucht trägt und zur Ruhe kommt, einen entsprechenden Reifungsprozess in seiner Seele in Bewegung setzt.

17. DEZEMBER
Die Seele pflegen

Wenn man eine kostbare Pflanze geschenkt bekommt, dann ist es einem selbstverständlich, dass man sie pflegt: Man gießt und düngt sie und stellt sie an einen Platz, an dem sie das für sie zuträgliche Maß an Licht bekommt, damit man möglichst lange Freude an ihr hat. Mit dem eigenen Leben sollte man eigentlich ähnlich umgehen, indem man achtsam ist auf das, was einem guttut. Der Begriff der Körperpflege ist einem in diesem Zusammenhang bekannt. Aber wie sieht es mit der Seele aus?

Gönnt man ihr genügend Pausen, um sich nach anstrengenden Zeiten oder Erlebnissen wieder erholen zu können? Schenkt man ihr Augenblicke der Freude, damit sie einen wieder das Lachen lehrt? Wer seiner Seele regelmäßig Streicheleinheiten schenkt, wird innerlich ebenso wachsen und blühen wie eine wertvolle Pflanze. ∽

18. DEZEMBER
Geschmack am Leben finden

Es gibt Menschen, denen man nichts recht machen kann. Man mag sich noch so viel Mühe geben, an allem finden sie etwas auszusetzen: «Das Gulasch ist zu salzig, der Pudding zu süß und der Kaffee zu stark». Was schon an einer Mahlzeit kritisiert wird, durchsetzt das ganze Leben. Der Blick auf die – oftmals vermeintlichen – Mängel trübt die Wahrnehmung für die vielen «geschmackvollen» Augenblicke des Lebens.

Ein lebensbejahender Mensch hingegen genießt den hübsch gedeckten Tisch, freut sich über die Gastfreundschaft, die er erleben darf, und lässt sich das Essen, auch wenn es nicht dem aus einem Sterne-Restaurant entspricht, sowie die Stunden der Gemeinschaft wohlschmecken. ∽

19. DEZEMBER
Die welt durch Liebe erwärmen

Kurz vor ihrem Tod sagte Mutter Teresa in einem Interview: «Das Leben ist liebenswert. Nur wo die Liebe weilt, kann gutes Leben wachsen. Das zu verstehen, ist das erste Gebot des Lernens.»

Ich verstehe diese Sätze so, dass die Liebe zum Kosmos, zur Welt, zu unserer Erde und vor allem zu den Menschen, die weitgehend in ärmlichen Verhältnissen leben, alle anderen Fragen nach dem Leben in den Schatten stellt. Nur durch die Liebe können wir das Leiden anderer Menschen zu unserem eigenen Leiden machen, können wir für diejenigen Partei ergreifen, die aufgrund gesellschaftlicher Benachteiligung ins Abseits gestellt worden sind.

Wenngleich wir nicht alle in Kalkutta leben und arbeiten können oder wollen, so ist es uns doch möglich, uns mit ganzem Herzen den Menschen zuzuwenden, die in unserer nächsten Umgebung an Einsamkeit, Verzweiflung oder materiellen Nöten leiden, um die Welt ein Stückchen weit wärmer und heller zu machen.

20. Dezember
Dem Leben etwas Gutes abgewinnen

Wenn ein Mensch sich in seiner frühen Kindheit nicht bejaht und in seiner kleinen Person rundum angenommen und geliebt gefühlt hat, wird er es im späteren Leben schwer haben, ein gesundes Selbstvertrauen zu entwickeln und zuversichtlich in die Welt zu blicken. Das größte Glück, das ihm widerfahren kann, ist die Begegnung mit einem Menschen, der Verständnis für seine Wunden hat, der ihm in der bedingungslosen Annahme nachholen lässt, was in der frühen Kindheit versäumt wurde.
Die Kraft der Liebe kann Menschen aus den Verstrickungen in ihre Ängste und Unsicherheiten befreien und sie dazu befähigen, sich selbst und anderen zu vertrauen und dem Leben etwas Gutes abzugewinnen.

21. Dezember
Adventlich leben

Zuversicht hängt mit «sehen» zusammen. Wir sehen nach vorn, in die Zukunft, von der wir etwas erwarten, auf das wir uns freuen. Jetzt, in der Adventszeit, warten wir auf Weihnachten und bereiten uns in vielerlei Hinsicht darauf vor. Vielleicht können wir von dieser Lebenshaltung etwas in den Alltag des kommenden Jahres hinüberretten und dauerhaft adventlich leben, indem wir mit offenen Sinnen und einem empfänglichen Herzen immer wieder etwas Gutes vom Leben erhoffen. Vielleicht erfüllt sich ja doch noch einer unserer Wünsche, vielleicht geschieht etwas Außergewöhnliches, vielleicht fällt ein Wunder vom Himmel auf uns herab.

22. DEZEMBER
Tot sind wir später noch lange genug

Je älter wir werden, umso kürzer wird unsere Zukunft. Von daher leben viele Menschen in vorgerückten Jahren natürlich vorwiegend in den Erinnerungen an die Vergangenheit. Manch einer unter ihnen gibt sich aber auch zu früh auf. Wir sind, soweit wir noch Kräfte haben und einigermaßen gesund sind, nicht dazu bestimmt, die Hände in den Schoß zu legen und nur noch auf den Tod zu warten. Eine solche Lebenshaltung könnte sich zu einer jahrelangen depressiven und quälenden Zeit ausdehnen. Ergreifen wir also die uns zur Verfügung stehenden Möglichkeiten, dem Leben noch das, was möglich ist, abzutrotzen an glücklichen Augenblicken, an belebenden Begegnungen und an der Erfüllung kleiner Wünsche.

23. DEZEMBER
Mögen gute Worte den Tag erhellen

Wenn es einem körperlich oder seelisch nicht gutgeht, ist man besonders empfänglich für jedes freundliche Wort.
Es wärmt das Herz, wenn einen in solchen Zeiten gute Wünsche erreichen, dass man bald wieder gesund sein oder seine Krise durchgestanden haben möge. Denn solche lieben Worte lassen einen spüren, dass man nicht vergessen, sondern in den Gedanken anderer Menschen gegenwärtig bist. Ein dunkler Tag kann sich einem dadurch erhellen.
Wenn es einem wieder besser geht, darf man selbst der betreffende Mensch sein, der anderen wieder Lichtblicke schenkt.

24. DEZEMBER
zur Krippe kommen

Weihnachten heißt: Ankommen an der Krippe, an unserer inneren Krippe, wo neue Hoffnung geboren wird, um die Ankunft Christi in unseren Herzen darin zu feiern, dass wir zu ahnen beginnen, wer wir wirklich sind und wo wir in uns selbst zu Hause sein dürfen. In sich selbst zu Hause sein dürfen setzt voraus, dass wir die Auseinandersetzungen mit uns selbst, mit unseren dunklen, egoistischen und zerstörerischen Seiten immer wieder neu führen konnten und können, um zum Einverständnis, zur Versöhnung mit uns selbst finden zu dürfen. Mit anderen Worten: dass wir mit uns selbst Frieden geschlossen haben und immer wieder schließen, schlicht gesagt, dass wir uns selbst liebhaben können.

25. DEZEMBER
Hoffnung gebären

Welch wunderbarer Gedanke: Jeder Mensch, gleich ob Mann oder Frau, kann Hoffnung gebären. Wenn wir selbst auf besondere Weise mit der Erfahrung von Liebe beschenkt worden sind, ist es uns bestimmt, nach einer Weile banger und froher Erwartung zugleich etwas Neues zu entbinden, etwas Lebendiges freigeben, das in uns gewachsen und gereift ist. Nun will es unter unserer wachsamen Obhut gedeihen, um alsbald in die Welt hineingeliebt zu werden, damit es das menschliche Leben auf einmalige Weise erneuert.
Wir selbst sind Hoffnungsträger für den Glauben an ein zukunftsträchtiges Dasein auf einer Erde, die allen gleichermaßen gehört.

26. Dezember
«Unser Leben sei ein Fest»

«Unser Leben sei ein Fest», so lautet der Titel eines modernen Kirchenliedes. Das klingt wie ein frommer Wunsch, denn die Anstrengungen, mit denen wir oftmals unseren Alltag meistern müssen, die Schicksalsschläge, die verarbeitet werden wollen, die emotionalen Tiefs, die wir auszuhalten haben, bewegen uns zu allem anderen als zu einer Feierlaune. Aber es heißt ja auch nicht: «Unser Leben ist ein Fest». Vielleicht dürfen wir uns ja durch den Text eingeladen wissen, immer wieder darauf hin zu arbeiten, unser Leben zu bejahen und uns an den beglückenden Erfahrungen zu erfreuen.

27. Dezember
Es ist Gnade

Das Wort «Gnade» scheint uns heutzutage altertümlich und ein wenig «fromm» zu sein. Doch sein Inhalt ist von bleibender Aktualität, denn Gnade bedeutet, unverdientes Glück geschenkt zu bekommen.
Es ist Gnade, wenn wir unverhofft wieder gesund werden oder nur mit knapper Not einem Unheil entkommen sind.
Es ist Gnade, wenn uns eine tiefe Freundschaft oder eine erfüllte Liebesbeziehung zuteil wird.
Es ist Gnade, wenn uns in aller Ausweglosigkeit das Tor zur Hoffnung wenigstens einen Spalt weit offensteht.
Es ist Gnade, wenn wir zu Weihnachten etwas von diesem göttlichen Geschenk erahnen, auf dem sich unser menschliches Dasein gründet.

28. DEZEMBER
Von Engeln umgeben

Mit den Engeln hat es etwas Wunderbares auf sich. Man hört sie nicht, man sieht sie nicht, man kann sie im wahrsten Sinne des Wortes nicht begreifen, und sie sind dennoch gegenwärtig, die Lichtboten einer anderen Welt. Wenn alles in uns schwer ist, beflügeln sie uns mit neuem Schwung. Sie lassen uns aus der Seele Trost zuwachsen und führen uns aus der Enge unserer Ängste heraus in weite, helle Räume der Zuversicht. Sie schenken der Zukunft bisher ungeahnte Perspektiven, sie begaben uns mit der Fähigkeit, etwas Neues in Angriff zu nehmen und begnaden uns mit der Lust, uns mit frischen Kräften auf das Abenteuer des Lebens einzulassen.

29. DEZEMBER
Sein Herz dem Himmel öffnen

Morgens aufstehen, zur Arbeit gehen, am Abend fernsehen, dann schlafen – und am nächsten Tag das Gleiche. Fünf Tage jede Woche, etwa zweihundertfünfzigmal im Jahr. Solch ein Leben kann einen mürbe machen und an seinem Sinn zweifeln lassen. Aber wir sollten uns dauerhaft nicht mit solch dumpfem Dahinleben arrangieren, sondern uns immer wieder als Suchende auf den Weg machen. Welche Visionen warten darauf, aus der Gefangenschaft eines unfreien Herzen entlassen zu werden, um uns die Richtung zu neuen Zielen zu weisen? Welche Sinne möchten sensibilisiert werden, damit wir das Leben wieder kräftigend in uns einlassen können, um uns als Teil einer größeren Wirklichkeit wahrzunehmen, die uns Quelle für Hoffnung und Sinn sein will?

30. DEZEMBER
Gesegnet sein

Das Wort «Segen» scheint vielen Menschen veraltet zu sein, obwohl es genau das beinhaltet, wonach sich auch heute ein jeder sehnt: ein glückliches und erfülltes Leben. Dabei geht es um das tiefe Empfinden, dass das eigene Dasein nicht vergeblich ist, sondern einen Sinn hat, den es stets neu zu entdecken gibt.
Mögen wir im kommenden Jahr immer wieder Erfahrungen machen, die uns spüren lassen, dass wir für andere Menschen von einmaligem Wert sind.
Mögen wir mit der himmlischen Gewissheit beschenkt werden, dass wir zum Gelingen des Weltganzen unseren kleinen Beitrag leisten. Dann dürfen wir sicher sein, dass unser Leben gesegnet ist. ∾

31. DEZEMBER
Hundert bunte Luftballons

«Sieh nur, Mami, mein Luftballon schwebt schon ganz da oben über den Bäumen, der blaue, siehst du ihn? Ob ihn wohl jemand findet und mir einen Brief schreibt?»
Der Kindergarten hatte allen Kindern zu einer Feier am Vorabend des Silvesterfestes einen Luftballon geschenkt. An jedem waren Name und Adresse des jeweiligen Kindes angebunden. Alle hofften natürlich darauf, dass ihr Ballon irgendwo von Menschen in der Ferne gefunden würde und sie eine bunte Ansichtskarte aus entlegenen Landstrichen, am liebsten gar aus fremden Ländern erreichen würde.

Die Mutter sah den hundert bunten Luftballons hinterher. Wie Träume, dachte sie, die zum Himmel steigen. Einige bleiben irgendwo hängen und zerplatzen schnell, andere steigen weit auf und tragen Hoffnungen und Sehnsüchte hoch hinauf in die Wolken. Mancher wird ein Echo finden und seinen Absender dadurch fröhlich stimmen.

Eigentlich ist das auch so eine Art Gebet, ging es ihr durch den Kopf. Im Geist band sie ihre tiefsten Wünsche und Lebensträume an die bunten Ballons und sah ihnen zusammen mit ihrer kleinen Tochter nach, bis auch der letzte am Horizont verschwunden war.

«Wir werden bestimmt Antwort bekommen», sagte sie mit fester Stimme, «ganz bestimmt.»

Christa Spilling-Nöker im Verlag Herder

Herzlich gute Wünsche
96 Seiten, gebunden, mit vielen Farbfotografien
ISBN 978-3-451-29686-4
Gute Wünsche kommen von Herzen. Vor allem, wenn sie von der Erfolgsautorin Christa Spilling-Nöker formuliert wurden – mit zahlreichen Fotografien eine ganz besondere Geschenkidee für jeden Anlass.

Ein Sonnenstrahl für jeden Tag
96 Seiten, gebunden, mit vielen Farbfotografien
ISBN 978-3-451-29687-1
Die Augen öffnen für ein freundliches Licht, das Herz öffnen für die Wärme der Sonne, sich selbst bereit machen für das Glück – gute Gedanken der Erfolgsautorin Christa Spilling-Nöker für alle, die andere oder sich selbst beschenken wollen.

Ich danke dir
48 Seiten, gebunden, mit vielen Farbfotografien
ISBN 978-3-451-28461-8
Wie oft möchte man einem lieben Menschen Danke sagen und findet nicht die richtigen Worte? Texte, die von Herzen kommen. Sie sind wie ein Lächeln, eine kleine Aufmerksamkeit für Dinge, die man nicht als selbstverständlich nehmen möchte. Eine gute Gelegenheit, mal wieder «Danke» zu sagen.

Zeit für Gelassenheit
Aufstellbuch (Spiralbindung), mit vielen Farbfotografien
durchgehend farbig gestaltet von Andrea Göppel
ISBN 978-3-451-32128-3
Ob es ihre höchst erfolgreichen Engel-Geschichten zur Weihnachtszeit sind oder ihre einfühlsamen Worte zu den großen Anlässen des Lebens: Für zahlreiche Leserinnen und Leser trifft Christa Spilling-Nöker genau den richtigen Ton. «Zeit für Gelassenheit» versammelt neue, kurze Impulse, die die Seele erfrischen und täglich zu einem entspannteren Umgang mit dem Leben einladen.

Du bist nicht allein
Worte des Trostes
48 Seiten, gebunden, mit vielen Farbfotografien
ISBN 978-3-451-29685-7
In jedem Leben gibt es Zeiten der Trauer, der Hilflosigkeit oder Verzweiflung – hier wird dieses Buch zu einem einfühlsamen Wegbegleiter, der Kummer lindert, indem er ihm mit Mitgefühl und Menschlichkeit begegnet. Tröstende Worte von Christa Spilling-Nöker schenken neue Kraft.

HERDER

Weihnachten mit Christa Spilling-Nöker

Vom Engel, der die Welt verwandeln wollte
Und andere Weihnachtsgeschichten
64 Seiten, gebunden, mit Illustrationen von Andrea Schraml
ISBN 978-3-451-28178-5
Engel sind Kräfte der Seele, die beflügeln, beschützen und beleben. Christa Spilling-Nöker erzählt stimmungsvolle weihnachtliche Engelgeschichten. Sie sensibilisieren dafür, die Engel im eigenen Leben wahrzunehmen. Eine beflügelnde Geschenkidee für die Advents- und Weihnachtszeit.

Vom Engel, der aus allen Wolken fiel
Und andere Weihnachtsgeschichten
64 Seiten, gebunden, mit Illustrationen von Andrea Schraml
ISBN 978-3-451-28762-6
Christa Spilling-Nökers heitere und besinnliche Engel-Geschichten bringen die weihnachtliche Botschaft einmal ganz anders nahe. Eine stimmungsvolle Geschenkidee für die Weihnachtszeit, zum Vorlesen und Selber-Lesen.

Vom Engel, der das Paradies auf Erden suchte
Und andere Weihnachtsgeschichten
64 Seiten, gebunden, mit Illustrationen von Andrea Schraml
ISBN 978-3-451-29111-1
Beflügelnd, inspirierend und erfolgreich sind die Weihnachtsengel von Christa Spilling-Nöker. Neue Engelgeschichten der beliebten Autorin, die mal heiter oder auch besinnlich vom Fest aller Feste erzählen. Eine himmlisch-schöne Geschenkidee für die Advents- und Weihnachtszeit.

Weihnachten liegt in der Luft
Und andere Erzählungen für eine ganz besondere Zeit
64 Seiten, gebunden, mit Illustrationen von Andrea Schraml
ISBN 978-3-451-29908-7
Weihnachten – ein Fest der Liebe und des Schenkens. Doch was bringt uns auf den Weg der Liebe? Wo lassen sich neue Schritte wagen, die zu Frieden und Versöhnung führen? Die Geschichten und Gedichte von Christa Spilling-Nöker eröffnen neue Zugänge zum Erlebnis der Weihnachtszeit und lassen ihren Sinn und Zauber auch in alltäglichen Lebenssituationen neu entdecken.

Als ein Stern vom Himmel fiel
Und andere Weihnachtsgeschichten
64 Seiten, gebunden, mit Illustrationen von Andrea Schraml
ISBN 978-3-451-29710-6
Humorvoll und heiter, aber auch stimmungsvoll und besinnlich erzählt die Autorin von der besonderen Bedeutung der Sterne in diesen festlichen Tagen und bringt die weihnachtliche Botschaft einmal ganz anders nahe. Eine schöne Geschenkidee für die Advents- und Weihnachtszeit.

HERDER

Christa Spilling-Nöker: Engel

Engel an deinem Weg
48 Seiten, gebunden, mit Bildern von Marc Chagall
ISBN 978-3-451-28459-5
Engel zu erfahren ist ein Geschenk. Es ist der Einbruch einer anderen Welt, die das Fassbare des alltäglichen Lebens sprengt und uns mit den Kräften des Himmels in Berührung bringt. Die Texte von Christa Spilling-Nöker öffnen das Herz dafür, Engel in ihren vielfältigen Erscheinungsformen wahrzunehmen und dem Glanz dieser unsichtbaren Wirklichkeit zu begegnen. Mit leuchtend-farbigen Engelbildern von Marc Chagall eine inspirierende Geschenkidee.

Engel in deiner Nähe
48 Seiten, gebunden, mit Bildern von Marc Chagall
ISBN 978-3-451-28996-5
Ein Buch mit inspirierenden Engelbotschaften von Christa Spilling-Nöker: Engel berühren das Herz, schenken Hoffnung und Zuversicht und öffnen die Tür in eine liebevolle Welt, wo Glück, Frieden und Versöhnung möglich sind.

Wenn Engel dich berühren
48 Seiten, gebunden, mit Bildern von Marc Chagall
ISBN 978-3-451-29909-4
Dieses Buch verschenkt den Himmel auf Erden, denn es öffnet die Augen für die segnenden Kräfte der Engel. Die Engelbotschaften von Christa Spilling-Nöker sind Balsam für die Seele – ermutigende Wegweiser aus dem Dunkel ins Licht und eine beflügelnde Leseerfahrung.

HERDER

Dr. Christa Spilling-Nöker, geboren in Hamburg, ev. Pfarrerin mit pädagogischer und tiefenpsychologischer Ausbildung. Autorin zahlreicher, höchst erfolgreicher Veröffentlichungen.

© Verlag Herder GmbH, Freiburg im Breisgau 2008
www.herder.de
Alle Rechte vorbehalten

Umschlagmotiv: © Frank Kramer / gettyimages
Abbildungen im Innenteil:
S. 9: © istockphoto.com | S. 27: © Anette Linnea Rasmussen – Fotolia.com | S. 45: © Roland Höpker | S. 65: © Manuel Meewezen – Fotolia.com | S. 83: © Romy Mitterlechner – Fotolia.com | S. 101: © Tiana R – Fotolia.com | S. 119: © photocase.com | S. 139: © photocase.com | S. 157: © Dylan J Burrill – Fotolia.com | S. 175: © Irina Fischer – Fotolia.com | S. 195: © sax – Fotolia.com | S. 213: © Schulz-Design – Fotolia.com

Gesamtgestaltung:
Weiß-Freiburg GmbH, Graphik & Buchgestaltung

Herstellung:
fgb · freiburger graphische betriebe
www.fgb.de

Gedruckt auf umweltfreundlichem,
chlorfrei gebleichtem Papier
Printed in Germany
ISBN 978-3-451-32173-3